河北省社会科学基金项目（编号：HB

知识付费平台可持续发展研究

ZHISHI FUFEI PINGTAI KECHIXU FAZHAN YANJIU

任丽丽　张姣姣 ◎ 著

企业管理出版社
ENTERPRISE MANAGEMENT PUBLISHING HOUSE

图书在版编目（CIP）数据

知识付费平台可持续发展研究 / 任丽丽，张姣姣著. -- 北京：企业管理出版社，2024.6. -- ISBN 978-7-5164-3076-7

Ⅰ.F492.6

中国国家版本馆CIP数据核字第2024CE4383号

书　　　名：	知识付费平台可持续发展研究
书　　　号：	ISBN 978-7-5164-3076-7
作　　　者：	任丽丽　张姣姣
选题策划：	周灵均
责任编辑：	张　羿　周灵均
出版发行：	企业管理出版社
经　　　销：	新华书店
地　　　址：	北京市海淀区紫竹院南路17号　　邮　　编：100048
网　　　址：	http://www.emph.cn　　电子信箱：2508978735@qq.com
电　　　话：	编辑部（010）68456991　　发行部（010）68701816
印　　　刷：	北京厚诚则铭印刷科技有限公司
版　　　次：	2024年6月第1版
印　　　次：	2024年6月第1次印刷
开　　　本：	710mm×1000mm　　1/16
印　　　张：	16
字　　　数：	195千字
定　　　价：	78.00元

版权所有　翻印必究·印装有误　负责调换

前　言

数字化时代，我们拥有了前所未有的知识获取渠道，海量信息变得触手可得；然而，在享受浩瀚知识便利的同时，也面临着筛选和甄别的挑战。随着数字技术的发展以及知识焦虑的蔓延，知识付费平台应运而生，不仅为知识需求方提供了便捷、高效的专业知识获取途径，也极大地促进了知识的创造与传播。

2016年至今，在经历探索发展阶段后，知识付费平台形成了相对稳定的变现模式。知识付费的内容和表现形式日趋丰富，市场越来越规范，用户群体也在不断扩大；但与此同时，用户体验差、黏性不够、高质量内容持续产出机制欠缺、侵权行为屡禁不止等问题也阻碍和制约了知识付费平台的持续经营与高质量发展。基于此，本书从多个维度出发，全面分析当前知识付费平台持续发展的路径。

本书共分为七个章节。第一章、第二章阐述本书的研究背景及意义、研究对象与范围，明确所涉及的一些基本概念及理论；第三章从价值共创视角入手，探索知识付费平台的持续发展机理，奠定本书重要的理论基础；第四章、第五章、第六章分别对知识付费平台用户与供给者两方面的持续行为展开实证研究，识别知识付费平台持续发展面临的阻力，指出未来转型的方向与路径；第七章总结本书的主要研究结论，指出研究的局限性，并对未来的研究方向进行展望，为在本书基础上对相关问题展开深入研究提供建议。

我们希望通过对知识付费平台持续发展的深入研究，为我国知识付费行业培育可持续竞争优势提供有益参考；也期待我们的研究结论和建议能够引发未来更多关于知识付费平台的思考与讨论。让我们携手共同推进知识付费平台的蓬勃发展。

任丽丽

河北师范大学商学院

2024 年 3 月

目 录

第一章 绪 论 ·· 1
    一、研究背景 ·· 3
    二、研究现状与问题提出 ······································ 4
    三、研究意义 ··· 16
    四、基本概念、研究对象和研究范围的界定 ····················· 18
    五、研究的技术路线和结构安排 ······························· 22
    六、研究方法和主要创新点 ··································· 25

第二章 文献综述与理论基础 ··································· 29
    一、知识付费 ··· 31
    二、知识付费平台 ··· 45
    三、知识付费平台可持续发展 ································· 56
    四、知识付费平台可持续发展的相关理论 ······················· 60

第三章 价值共创视角下的知识付费平台持续发展机理研究 ········ 69
    一、知识付费平台价值共创的理论基础 ························· 72
    二、具有代表性的知识付费平台价值共创行为模型 ··············· 84
    三、知识付费平台生态系统价值共创机理 ······················· 89

第四章　知识付费平台用户持续行为研究 …………… 97
　　一、知识付费平台用户满意度评价研究 ……………… 100
　　二、基于感知价值视角的用户持续付费意愿研究 …… 122
　　三、知识付费平台用户"网络囤积"现象、原因及解决策略… 143

第五章　知识付费平台知识供给者持续知识供给
　　　　　行为研究 ……………………………………… 149
　　一、文献综述 …………………………………………… 152
　　二、研究设计 …………………………………………… 156
　　三、知识提供者持续知识供给行为影响机理模型 …… 160
　　四、研究结论与讨论 …………………………………… 176

第六章　知识付费平台持续发展阻力及转型路径 …… 183
　　一、知识付费平台持续发展阻力识别 ………………… 185
　　二、知识付费平台持续发展路径探索 ………………… 187

第七章　结论与展望 ……………………………………… 193
　　一、研究结论 …………………………………………… 195
　　二、研究展望 …………………………………………… 197

参考文献 ………………………………………………………… 199

第一章

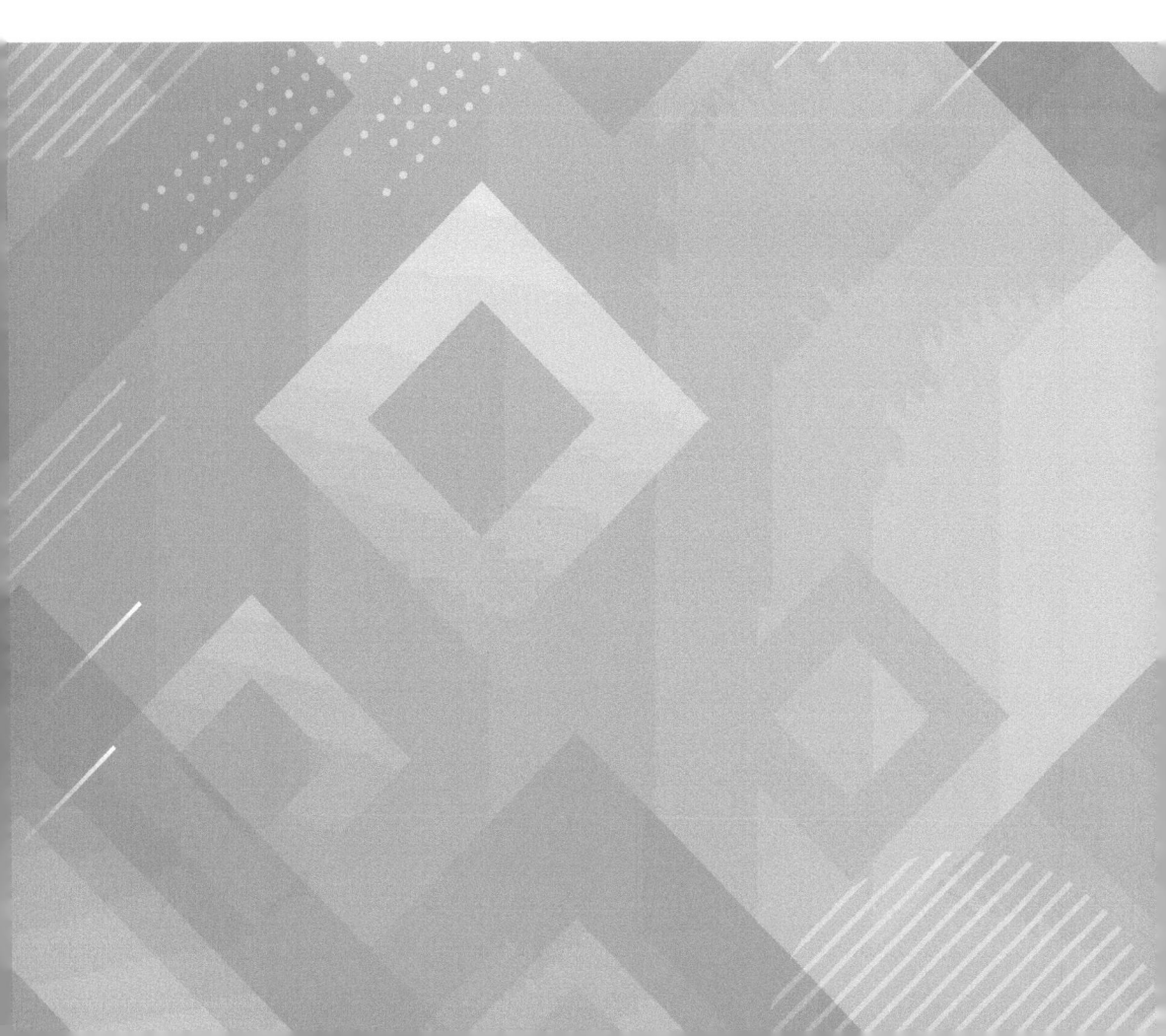

绪 论

第一章 绪 论

一、研究背景

近年来,随着移动互联网技术的发展,信息和知识获取的方式发生了巨大改变(袁荣俭,2018)。2016年,一大批面向个人的收费知识产品和互联网平台相继涌现,因此当年也被称为"知识付费元年"。知识共享告别"免费"时代,这与人们的消费水平提升(居民人均可支配收入不断增加)、消费结构转变(从生存型向发展型转变)、消费观念转变(关注时间成本、重效率)、移动支付习惯的建立(微信、支付宝的普及应用)、获取知识方式的转变(从书籍、PC端向移动端转移)以及知识提供方垂直内容的深耕(大量在线知识型社区、社群、知识类"网红"、个人自媒体等出现)、知识付费行业相关政策法规不断完善等基础条件的成熟息息相关(王传珍,2017;杜骏飞,2017;艾媒咨询,2022);同时,知识付费模式的兴起与知识生产者(提供者)的认知盈余以及知识消费者(知识获取者、用户)在知识盈余压力下的焦虑密不可分。互联网时代,海量的信息和知识导致知识过载,知识趋于廉价,筛选出高质量、个性化的知识的成本趋高,由此带来的用户焦虑使得各种知识付费平台应运而生(杜骏飞,2017)。用户逐渐适应通过付费来获取知识,从而带动了知识付费行业相关产业的发展。目前,中国知识付费行业已发展出图文、视频、音频、直播等丰富的产品形态。艾媒咨询数据显示,2022年中国知识付费市场规模达1126.5亿元,预计2025年市场规模将达到2808.8亿元(艾媒咨询,2022)。2016年至今,在经历了一个探索发展阶段后,中国知识付费平台已形成相对稳定的变现模式。知识付费的内容和表现形式日趋丰富,市场越来越规范,用户群也在不断扩大；与此同时，用户体验差、黏性不够、高质量内容持续产出机制欠缺、侵权行为屡禁不止等发展阻碍也制约了知识付费平台的持续经营和高质量发展。厘清知识付费平台持续发展的障碍因素并从平台主要参与者出发剖析影响制约因素、提出转型创新路径，成为解决这一矛盾的根本。

二、研究现状与问题提出

艾媒咨询数据显示，2020年，仅26.6%的用户对中国知识付费行业的发展前景持非常乐观的态度，有49.5%的用户认为平台专业度不高、实用性不强（艾媒咨询，2020）。转型创新、高质量发展、长期主义成为当前各知识付费平台生存发展的必选项。

通过对国外一些主要的数据库进行查询，在标题、摘要或关键词中输入"paid knowledge""knowledge payment""Q&A platform""knowledge platforms""paid Q&A"，进行检索，得到的结果如表1-1所示。

表1-1 知识付费相关文献数量汇总

数据库名称	paid knowledge	knowledge payment	Q&A platform	knowledge platforms	paid Q&A
ScienceDirect	11	7	17	63	3
	2529	697	979	8579	296
Emerald	3248（Abstract） 59（Title）			
Wiley Online Library	9（Abstract） 4（Title） 4（Keywords）			

续表

数据库名称	paid knowledge	knowledge payment	Q&A platform	knowledge platforms	paid Q&A
EBSCO	\multicolumn{5}{c}{281（Abstract） 81（Title） 8（Subject）}

注：①表中的数据截至2024年3月19日；②在ScienceDirect数据库中，第一行数字表示以短语形式检索得到的相关文献的数量，第二行数据反映的是以短语形式，或以两个词分开的形式检索得到的相关文献的数量，比如"2529"表示"paid knowledge"在标题、摘要或关键词中作为一个词组出现，或是两个词分开出现在相应位置；③Emerald、Wiley Online Library和EBSCO数据库中运用布尔运算符"OR"将五个词以"或者"关系在数据库中进行检索，括号前面的数字表示这五个词可能出现在相应的检索字段中，如"3248"表示摘要中出现"paid knowledge"或"knowledge payment"或"Q&A platform"或"knowledge platforms"或"paid Q&A"的相关文献的数量。

资料来源：根据相关数据库整理。

从表1-1中可以看出，知识付费在国外文献中是一个研究热点，相关的论文数量较多，诸如ScienceDirect数据库，以"paid knowledge"在标题、摘要或关键词中进行检索，有2529篇文献。

在中国知网文献库的主题中检索"知识付费"，可得到2630篇中文文献（截至2024年3月22日）。由此可见，国内文献要多于国外文献，这与我国近年来的知识付费行业发展较快有关。

综观国内外有关知识付费的相关研究，虽然取得了一些成果，但仍有诸多方面有待进一步深化和完善。比如，对知识付费的概念、使用意愿和行为、商业模式等的研究较多，其中对于用户在线知识付费的影响因素和用户持续知识付费的影响因素的研究（见表1-2和表1-3）比较典型。从中可以发现，影响用户在线知识付费的因素主要聚焦于用户因素、知识产品因素、知识平台因素（郭宇等，2021），相对而言知识提供者方面的影响因素较少。用户持续知识付费的影响因素主要聚焦于感知价值、用户满意度、认知因素、环境因素等方面，相对而言针对特定的知识付费模式，比如付费订阅模式和付费问答模式，同时对知识供给方和需求方的持续性行为研究较少，而对知识付费平台的持续经营或高质量发展路径研究更少。互联网用户是多个不同平台的会员或基础用户，流动率很高，任何在线知识付费平台都很难保证用户承诺（Joyce & Kraut，2006），所以在吸纳新用户的同时，要避免老用户流失，增加老用户的持续使用，提高复购率，这是知识付费平台可持续生存和发展的必要策略（Huo & Li，2022）。作为"源头活水"的知识付费平台提供者，其持续知识供给行为对于知识付费平台持续经营和高质量发展也至关重要。研究指出，持续性已成为在线知识付费平台面临的一项重要挑战（Wasko & Faraj，2005；Dholakia et al.，2004；Galehbakhtiari，2015；Lai & Chen，2014；Ridings & Gefen，2004；Yan et al.，2016）。

基于现有研究的不足，本书以知识付费平台及其参与者为研究对象，分别从知识付费平台需求方和供给方视角出发，探讨影响知识付费平台持续发展的因素，识别知识付费平台持续发展的阻力，并有针对性地提出知识付费平台持续发展的路径。在解决这三个问题之前，本书需要剖析知识付费平台生态系统价值共创机理，探究其持续发展的背后机理，因此本书拟解决以下四个具体问题。

（1）知识付费平台生态系统价值共创机理是什么？价值共创主体有哪些？表现出哪些价值共创行为？形成了哪些价值类型（达到了哪些价值共创结果）？

（2）影响知识付费平台用户持续行为的因素有哪些？

（3）影响知识付费平台供给者持续知识供给行为的因素有哪些？

（4）知识付费平台持续发展的阻力有哪些，转型路径是什么？

表1-2　用户在线知识付费的主要影响因素

	主要影响因素及影响方向	研究视角	文献来源
国外的代表性研究	在线内容的使用目的、在线内容网站的品牌认知、用户使用信用卡网上付费的经验（+） 免费心态（-）	网络用户对在线内容付费意愿的影响因素	Dou（2004）
	感知的便利性、必要性、附加值、服务质量和给定服务的使用频率（+） 感知不公正（-）	用户对订阅型网站内容付费意愿的影响因素	Wang et al.（2005）
	服务质量、交互性、可访问性和相关性对内容付费网站的访问数量的影响（+） 可信度、交互性、个性化和导航对页面浏览量的影响（+）	影响内容付费网站流量的因素	Wolk & Theysohn（2007）
	感知费用（-） 感知有用性、感知愉悦（+）	用户对移动数据服务的采用意图以及持续采用意图的影响因素	Kim et al.（2009）
	免费心态（-）、感知成本（-）、感知收益（+）对付费态度的影响 付费态度、主观规范、感知行为控制对付费意愿的影响（+）	在线音乐用户付费意愿的影响因素	Lin et al.（2013）
	网络外部性和社会资本（+）	SNS（社交网站）用户付费意愿的影响因素	Lin & Lu（2014）
	用户的收入和受教育程度对付费金额的影响更大（+） 年龄和性别对付费意愿的影响更大（+）	网络用户支付线上内容的意愿的影响因素	Punj（2015）

续表

	主要影响因素及影响方向	研究视角	文献来源
国外的代表性研究	功利性价值和娱乐性价值（+）感知风险（-）	影响读者购买电子书的意愿的因素	Zhang et al.（2017）
	知识贡献者的声誉、能力和诚信（+）	从信任理论视角分析知识贡献者的特征及声誉对付费问答平台用户的付费决策的影响	Zhao, Zhao, Yuan et al.（2018）
	感知价值（+）	基于收益-成本视角研究影响提问者在社会化问答平台上付费意向的因素	Zhao et al.（2020）
	知识平台互动性和信息质量、知识稀缺性、知识贡献者专业性和个人魅力通过消费者感知价值的中介作用积极影响消费者的知识支付意愿（+），知识贡献者的专业性预测性最强	基于刺激-生物-反应视角研究知识付费平台消费者购买意图的影响因素	Zhou et al.（2022）
	免费内容的感知质量、内容创作者的感知可信度和参与者的感知数量（+）	基于信息搜集视角研究影响社会化问答社区用户对直播课程付费的因素	Shi et al.（2020）
	知识供应商声誉信号和经验信号（+）	基于信号理论探索影响用户在特定知识交易（如付费问答）中支付决策的决定因素	Zeng et al.（2022）
	对在线付费知识的信任、对知识贡献者的认同（+）	借鉴认知-情感-意动框架和客户价值理论研究用户知识付费意图的影响因素	Su et al.（2019）

续表

	主要影响因素及影响方向	研究视角	文献来源
国内的代表性研究	信任、社会交互连接、共同愿景（+）	用户知识付费意向的影响因素	周涛和檀齐（2017）
	感知有用性、感知易用性（定性分析）	用户知识付费意愿的影响因素	彭兰（2018）
	个体需求、个体认知、信息质量、主观规范、便利条件、替代品、经济因素，最重要的因素是个体需求（定性研究）	用户在线知识付费行为的影响因素	张帅，王文韬，李晶（2017）
	体验因素（包括专业性、趣味性、便捷性和主观规范）、需求因素（包括外在需求和内在需求）（+） 体验因素对用户在线知识付费行为意愿的影响程度明显大于需求因素	用户在线知识付费行为意愿及行为的影响因素	杜智涛和徐敬宏（2019）
	知识供给者的"粉丝"数、发表文章数、回答问题数、获得点赞数、是否实名认证及是否标注专业领域（+）	从知识供给者自身因素出发研究问答平台用户知识付费行为的影响因素	赵杨等（2018）
	感知价值的各个维度（质量价值、社会价值、价格价值和收益价值）（+）	从用户视角研究用户付费提问意愿的影响因素	李武，许耀心，丛挺（2018）
	感知价值（+）	基于IS（信息系统）成功模型研究用户知识付费意愿的影响因素	周涛等（2019）

续表

	主要影响因素及影响方向	研究视角	文献来源
国内的代表性研究	感知收益（+）、感知成本（-）	从抵制的视角研究语音问答社区用户知识付费意愿的影响因素	卢恒等（2019）
	价格合理性（+）	从试用视角研究消费者知识付费意愿的影响因素	陈昊等（2019）
	情感和参与契合（+）	引入用户契合视角，构建知识问答社区答主形象对用户付费意愿的影响机理	董开栋（2020）
	付费移动音频的价格、时长和信息展现形式（-）试听、传播者简介长度、作品量、"粉丝"数和认证信息长度（+）	移动音频有声阅读平台用户知识付费行为研究	杨东红等（2020）
	感知收益是高程度知识付费意愿最为关键的影响因素，个人免费观念是低程度知识付费意愿的重要影响因素（模糊集定性比较分析）	理性与偏差视角下在线问答社区用户知识付费意愿影响因素构型研究	卢恒等（2020）
	便利条件、社会影响、绩效期望（+）	知识付费平台用户采纳意愿影响因素	金鑫（2020）
	感知价值、信任和感知有用性的影响强度最大，其次是用户满意度、主观规范和感知娱乐性，感知风险性影响强度最弱	基于元分析的在线知识付费意愿影响因素	严炜炜等（2021）

第一章 绪 论

续表

	主要影响因素及影响方向	研究视角	文献来源
国内的代表性研究	与知识付费意愿具有高度相关性的因素有需求、体验、感知专业性、可靠性、感知知识质量、感知有趣性、感知收益和付费态度（+） 感知成本（-）	基于内容-情境-辨识框架归纳和识别影响在线用户知识付费意愿的关键因素	卢恒等（2021）
	主观规范、感知价值及低感知成本（+）	基于技术接受模型研究知识付费用户的消费行为	宋明珍等（2021）
	知识"网红"的专业性、可信性（+）	知识"网红"信息源特性对用户付费行为的影响研究	祁红梅和杨凯麟（2021）
	产品描述的详尽性、生动性和相关性（+）；知识生产者的声誉、经验和信息完备性（+）；与实用型产品相比，享乐型产品中知识生产者的声誉和经验对知识付费行为的影响作用更强	基于信息采纳模型的知识付费行为研究	齐托托等（2021）
	回答者因素、围观者因素、其他用户因素和平台因素（定性研究）	在线问答平台用户付费围观行为的影响因素	孟嘉和邓小昭（2022）
	情感偏好、体验价值、参与意愿（+）	用户参与知识社群付费学习与分享的影响因素	杜艳艳和姜琳（2023）

· 11 ·

续表

	主要影响因素及影响方向	研究视角	文献来源
国内的代表性研究	问题的提问价格和描述的详细程度正向影响围观数；问题描述中体现的情感在健康医疗领域比较重要，正向情感正向影响围观数，负向情感负向影响围观数	付费问答社区中用户围观行为的影响因素	秦芬和郭海玲（2023）
	评论数量、卖家认知度、用户体验度和卖家回复率正向影响知识付费产品购买决策（+），评论效价与知识付费产品购买决策呈倒U型关系	在线评论对知识付费产品购买决策的影响及卖家回复的调节作用	齐托托等（2022）
	抽象框架和具体框架在消费者不同未来自我连续性的表现下存在相应的作用，对高未来自我连续性的消费者使用抽象框架更有助于增强其付费意愿，而对低未来自我连续性的消费者使用具体框架更有助于增强其付费意愿	基于解释水平理论，研究目标框架对订阅型知识付费意愿的影响	张洁梅和王昊（2023）

注：①根据任丽丽等（2020）的研究进行扩充完善；②表中总结的主要影响因素为有显著影响的因素，未得到支持的因素未在表中体现；③主要影响因素中，调节效应和中介效应未包含在内（Zhou et al.〈2022〉的研究除外）；④部分影响因素变量有前因变量，本表中未体现，比如周涛等（2019）的文献指出，感知价值正向影响用户的付费意愿，而平台的信息质量和服务质量正向显著影响感知价值。

表1-3 用户持续知识付费的主要影响因素

	主要影响因素及影响方向	研究视角	文献来源
国外的代表性研究	感知有用性、用户满意度和代言人身份（+） 感知成本（-） 知识付费平台的易用性、内容质量和系统质量（间接影响） 用户的感知享受、会员体验、听觉体验（间接影响）	以"喜马拉雅"FM（调频）为例，使用LDA（隐含狄利克雷分布）、TAM（技术接受模型）和IS成功模型研究用户持续使用意愿的影响因素	Xu et al.（2022）
	认知因素：结果期望（+） 环境因素：系统质量、知识质量（+）	利用社会认知理论来确定在线知识社区用户持续性的决定因素	Zhou（2018）
	感知有用性、用户满意度（+）	影响知识共享平台持续使用意图的因素	Pang et al.（2020）
	免费活动（+）	问答网站中用户满意度和持续性的来源	Ruth（2012）
	社会价值和享乐价值（+）	微信如何留住用户	Zhang et al.（2017）
	奖励积分、社会比较、级别头衔、金钱、授予特权等	激励社区成员长期参与的手段	Harper et al.（2007）；Khusro et al.（2017）

续表

	主要影响因素及影响方向	研究视角	文献来源
国内的代表性研究	工具性需求满足、娱乐性需求满足、社交性需求满足（+） 三种前因构型（模糊集定性比较分析）	线上知识付费产品持续使用意向的影响因素	魏武和谢兴政（2020）
	用户满意度（+）	知识付费平台用户持续使用意愿的影响因素	金鑫和朱亮亮（2020）
	内容质量、情境质量和社群氛围（+）	从服务质量和社群建设的角度探讨用户持续使用意愿的影响因素	陈月盈和张潇潇（2022）
	期望确认程度、感知有用性、主观参照、用户满意度（+）	用户持续使用知识付费App意愿的影响因素	赵保国和姚瑶（2017）
	付费围观者对回答问题的意见领袖的信任能够显著影响感知价值（+），从而提高持续参与意愿（+）	问答平台用户付费围观持续参与意愿的影响因素	张杨燚等（2018）
	内容：在线知识付费模式持续发展的核心竞争力 平台：在线知识付费产业发展的重要支撑 社交：在线知识付费平台发展的迫切要求 服务：在线知识付费产业的转型方向	挖掘在线知识付费持续发展的思路和办法	鲍静和裘杰（2019）

续表

	主要影响因素及影响方向	研究视角	文献来源
国内的代表性研究	态度、主观规范、知觉行为控制（+）用户满意度、感知有用性（+）	比较TRA（理性行为理论）、TPB（计划行为理论）与持续使用理论下的用户持续知识分享行为	卢艳强和李钢（2019）
	用户认知、用户情感是持续使用行为的主要影响因素（质性研究）	基于质性分析的知识付费平台用户持续使用行为	刘齐平等（2019）
	感知满意度（+）	社群服务背景下在线知识付费产品用户持续付费意愿研究，移动阅读用户持续行为研究	朱祖平和张丽平（2020）；石姝莉和王嘉灏（2022）
	感知有用性、用户满意度、主观规范、感知行为控制、感知隐私风险（+）	知识付费App用户持续使用意愿研究	薛云建等（2021）
	用户满意度、沉浸体验（+），用户持续使用意愿正向影响其购买行为	知识付费产品用户购买行为的影响因素	文学国等（2023）

注：①表中总结的主要影响因素为有显著影响的因素，未得到支持的因素未在表中体现；②主要影响因素中，调节效应和中介效应未包含在内；③部分影响因素变量有前因变量，本表中未体现，比如文学国等（2023）的文献指出，用户满意度和沉浸体验正向影响用户持续使用意愿，而信息搜寻、信息分享正向影响用户满意度、感知归属感及沉浸体验；④有的文献属于定性研究，因此未标注影响方向。

三、研究意义

（一）理论意义

本书在相关理论基础上对知识付费平台可持续发展的内涵进行界定，认为知识付费平台持续发展是一项系统性工程，需要依靠多方合力实现。本书进而认为，知识付费平台的持续经营和高质量发展离不开平台主要参与者的价值共创行为，因此本书深度剖析了知识付费平台生态系统价值共创机理，并从知识付费平台主要参与者（用户和知识提供者、知识需求方和知识供给方）视角出发，研究了知识付费平台用户与知识提供者的持续意愿和行为，为知识付费平台持续发展提供了思路借鉴。此外，本书一方面以付费订阅用户为例，构建了在线知识付费订阅用户满意度评价指标体系，基于感知价值理论，探索了在线知识付费订阅用户感知价值的维度，通过问卷调查收集相关数据，并实际验证了不同维度的感知价值对在线知识付费订阅用户的满意度和持续付费意愿的影响；另一方面，从知识付费平台的知识供给者视角出发，采用访谈等质性研究方法，通过对访谈资料的扎根研究，提炼出知识供给者持续知识供给行为的影响因素，并在对范畴关系进行梳理的基础上构建了理论模型。研究发现，在知识供给者自身因素、平台环境、平台激励机制、阻碍因素的综合作用下，会对知识提供者的持续知识供给行为产生直接影响，也可以通过其供给动机的中介作用对持续知识供给行为产生间接影响。版权保护维度包括侵权管理和维权管理两个主范畴，通过这两个主范畴也会直接影响知识提供者的持续知识供给行为，为平台方优化运营机制、探索高质量发展路径提供了评价方法和路径参考。

首先，本书对知识付费的文献研究做出了理论上的贡献，诸如知识付费的内涵、现状、兴起动因、发展历程等；其次，本书对知识付费平台用户、知识提供者的行为进行了分析与探讨，有利于揭示知识付费平台可持续发展的路径"黑箱"，更好地促进知识付费的相关理论研究；最后，本书所构建的模型和得出的实证结论更好地拟合了复杂多变的现实情况，揭示了有关组织、平台及其参与者、知识和情境等各种因素间的相互关系，有利于推动知识付费平台可持续竞争优势研究的发展和完善，为平台企业战略管理实践提供了理论指导（任丽丽，2011）。

近几年，国内的相关研究多于国外，是因为中国在内容付费领域处在创新前沿。因此，对知识付费平台企业进行研究，旨在探索适合中国本土的知识付费平台战略管理理论，不仅展示了我国知识付费行业的独特性，也为包括中国知识付费平台在内的平台型企业持续发展战略研究奠定了基础。

（二）现实意义

自2016年以来，中国知识付费用户规模呈高速增长态势，至2021年已达到4.8亿人，预计2025年将突破6.4亿人（艾媒咨询，2022）。行业规模的不断扩大也带来了企业之间的激烈竞争，因此各平台企业如何通过转型创新实现可持续发展成为十分重要的研究课题。基于此，本书从知识付费平台的需求端和供给端出发，对影响平台持续发展的因素进行探讨，将视角聚焦于用户持续付费行为和知识供给者持续产出行为。因为知识付费平台的可持续发展离不开各主体的持续性价值共创。当然，在这个过程中，平台方的创新、互动、合作及转型也非常重要。知识付费平台是知识生产者与用户的连接者、协调者、匹配者和市场机制设计者，以互联网知识产品或服务协助知识生产者和用户完成"知识生产——知识销售——知识消费"这个闭环（方军，2017），在整个知识付费平台生态中发挥关键作用，对其持续发展制约因素的识别有助于探索知识付费平台高质量发展的路径。本书希望通过对知识付费平台各方的持续行为研究，为中国知识付费行业如何获得可持续竞争优势提供实践指导。

四、基本概念、研究对象和研究范围的界定

（一）基本概念的界定

1. 知识

知识付费平台上的"知识"与传统意义上的知识略有差异，传统意义上的知识范畴更为广泛。事实上，对于知识的严格分类并不重要，重要的是，要认识到用户的需求，以及这种"知识"与传统意义上的知识的差异及其所具有的特性。本书认为，知识付费平台上提供的"知识"同时具有显性知识和隐性知识的特征，隐性知识所占比例更高，是场景度高、经验性强、有价值的知识（任丽丽等，2020）。

2. 知识付费

以前，大多数人拥有的尚未开发的知识被视为免费的公共产品，而知识付费强调知识的商品属性（Zhang et al., 2018）。提供"闲置"知识的个人不仅可以获得社会回报，还可以获得货币补偿（Zhang et al., 2018）。因此，知识供给方拥有特定的知识和技能，在平台上以产品或服务的形式分享和传播知识，知识需求方则通过付费获得阅读、收听或观看知识产品或服务的机会，这种互动过程被称为"知识付费"（Qi et al., 2019）。

本书界定的知识付费是指用户（主要是个人用户，也称为"知识消费者"）出于一定的求知目的，通过在线支付的方式在互联网知识平台上购买一些以视频、音频等形式分享的知识，以满足自身需求，解决焦虑，是各方参与者通过知识市场途径进行知识分享与收获的一种新模

式（任丽丽等，2020），包括付费订阅、付费问答和付费打赏三种形式（张帅等，2017）。

3. 知识付费平台

从运营机制的角度来看，知识付费平台是指知识供给方向知识需求方有偿提供知识或服务的平台，具有典型的电子商务特征（销售和购买）（Qi et al.，2019）。知识付费平台可以提供多元、专业、准确、高质量的知识或服务。此外，随着相关数字技术的深入发展，知识需求方（用户）在知识付费平台上获取相关知识的方式越来越智能化和便利，大大节省了用户的信息搜索时间和所耗费的精力，提高了个人的学习效率（Lambrecht & Misra，2017），有效缓解了用户焦虑，因此，人们愿意从知识付费平台获取知识。知识付费平台提供的知识产品分为图文类、音频类、视频类、问答类四种类型。知识付费主要有问答/直播、听书、专栏/课程、社区、咨询、训练营、会员等模式。

从功能定位的角度来看，知识付费平台是知识生产者与用户的连接者、匹配者和市场机制设计者，是将知识提供者的认知盈余变现让知识生产者获得收益，将知识变成产品或服务，满足知识消费者需求的平台。知乎、得到、喜马拉雅是典型的知识付费平台。如将知识付费平台划分为不同的模式，喜马拉雅、得到、十点读书、有书、帆书（樊登读书会）等垂直类App可划分为第一代知识付费平台；而百度、抖音、快手等"自媒体+算法"平台的兴起，象征着第二代知识付费平台的入场。第一代垂直类知识付费平台以"包装头部作者和专家，进行自研课程和买断版权"的商业模式为主。艾媒咨询分析师认为，知识付费平台的"知识"内核不能改变。用户知识付费是为了获得自身所需、能让自身成长的知识给养。因此，平台所提供的知识内容能否契合消费者心意，能否达到高质量标准，是决定平台能否长期发展的关键因素（艾媒咨询，2022）。

知识付费平台是一种特殊的平台组织（platform organization），是知识付费平台生态系统的一个组成部分，往往被称为"平台方"，平台生态系统除平台型企业这个参与者之外，还包括买方（用户）和卖方（知识提供者）。平台方作为连接知识需求方和知识供给方的中介，为知识供需双方提供了互动机会，降低了信息不对称性以及受众搜索有用信息所需的成本，促进了知识传播和价值创造（彭毫和罗珉，2020）。

（二）研究对象的界定

知识付费的形式主要包括付费订阅、付费问答和付费打赏。其中，付费打赏是指用户对知识支付一定数额的钱进行打赏，如用户阅读一篇文章后感觉对自身帮助很大，从而做出打赏行为，这是一种按意愿付费的方式，知识付费由此进入萌芽阶段（张帅等，2017）。付费订阅是在线知识付费的一种主要模式，注重用户在碎片化场景里追求知识的完整性和内容的连贯性，以订阅专栏、课程、线上训练营等方式获取知识产品或服务；强调知识提供者以一定频率更新内容，与用户在一定时间范围内分享知识（张帅等，2017；王雪莲等，2022）。付费订阅与付费问答、用户打赏等目的性强、内容相对独立的"快餐式"消费模式不同，它强调通过"知识盛宴"的渠道体验获得学习价值（王雪莲等，2022）。付费问答是指通过向他人付费提问来获得自己所需的知识。最流行的方式是基于三方付费的社会化问答平台（Zhao et al., 2019）。在这种问答模式中，提问者直接向专家/行家（回答者）付费获取专业知识，而回答者只有在截止日期前提供解决方案才能获得咨询费。此外，提问者能够在问答过程中与回答者保持社交互动（Kitzie, Choi & Shah, 2012）。更重要的是，这种知识付费模式通过将传统的在线潜伏者作为付费听众，激活并引导其参与到知识分享互动中，引入了一种三方关系（Jan et al., 2018；Zhao, Liu & Song, 2018）。围观费用由平台设定，由提问者和回答者共享。典型的付费问答平台包括知乎、微博问答、百度知道等。本书重点关注付费订阅和付费问答两种模式。

（三）研究范围的界定

未来的知识付费平台要获得可持续发展，既需要洞悉用户的意愿、态度和行为，了解用户的内在心理特征，特别是用户的付费意向、动机、满意度、价值共创行为以及持续付费意愿和行为等，还要知晓知识生产者和知识供给者的持续供给行为和贡献行为。知识市场是用户在线付费获取知识的主要方式，也是首要方式，这也是知识付费与知识转移、知识共享、知识交流的重要区别之一。社群途径是知识提供者在知识市场基础上为提高用户的学习效果而提供的增值服务，是增强用户复购行为的路径之一。本书的研究范围如图1-1所示。

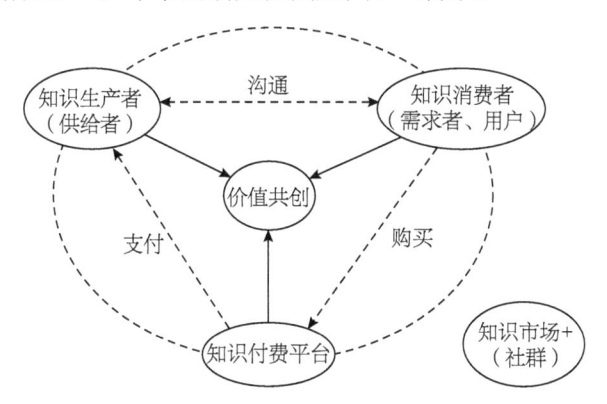

图1-1 知识付费平台及其参与者间的关系及知识、信息等的流动方向

注：实线箭头表示知识流动的方向，虚线箭头表示资金流动的方向，虚线双箭头表示信息沟通的方向。当然，知识生产者可以单独提供知识，也可以与知识付费平台合作共同生产知识。

资料来源：根据Qi等（2019）的研究文献修改得到。

互联网知识经济时代，知识付费平台作为连接者，它连接知识生产者和知识消费者，构成一个"知识生产者—知识付费平台—知识消费者"的市场格局，通过联系供需双方使知识的供需得以匹配（荣跃明，2019）。本书关注的重点是知识付费平台，包括平台方及其主要参与者（知识供给方和用户）。从知识付费平台类型来看，本书主要关注的是成长历程较久的第一代垂直类知识付费平台，如得到、知乎、喜马拉雅、十点读书等。

五、研究的技术路线和结构安排

（一）技术路线

本书的技术路线如图1-2所示。

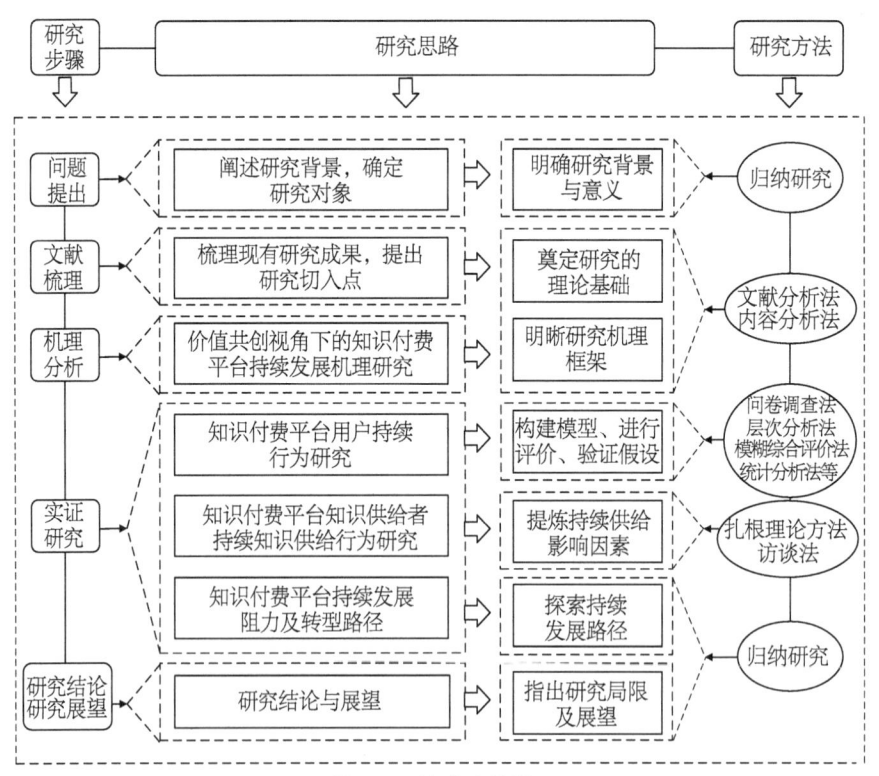

图1-2 技术路线图

（二）结构安排

在上述研究框架和技术路线指导下，本书共分为七章。

第一章：绪论。根据本书的现实背景和理论背景，在现有研究的基础上，本书拟解决以下几个问题：①知识付费平台各参与主体价值共创机理是什么？②知识付费平台用户持续付费行为的影响因素及满意度评价因素有哪些？③知识供给方的持续产出行为的影响因素有哪些？④知识付费平台持续发展的阻力有哪些，转型路径是什么？本章首先介绍了本书的理论意义与现实意义；然后对相关基本概念进行了界定，如知识、知识付费、知识付费平台，并对研究对象和研究范围进行了界定与说明；最后阐述了本书的技术路线和结构安排、研究方法和主要创新点。

第二章：文献综述与理论基础。分别从知识付费、知识付费平台、知识付费平台可持续发展的研究等方面展开分析和讨论。首先，知识付费的研究包括知识付费的含义、类型、兴起动因、发展历程。其次，知识付费平台的研究包括知识付费平台的含义、分类以及典型知识付费平台介绍。再次，知识付费平台可持续发展的相关研究包括用户持续付费意愿的影响因素、知识提供者持续供给行为的影响因素、知识付费平台持续发展的影响因素等内容。最后，简要评介了知识付费平台可持续发展的理论基础，包括期望确认理论（ECT）、信息系统（IS）成功模型、感知价值理论、知识共享相关理论、可持续发展理论。上述理论综述为后续研究奠定了理论基础。

第三章：价值共创视角下的知识付费平台持续发展机理研究。知识经济时代，知识付费平台持续发展依赖于平台生态系统中的各参与主体（包括平台企业、知识提供者和用户）之间的价值共创能力和行为。本章对知识付费平台价值共创的理论基础、具有代表性的知识付费平台价值共创行为模型进行了评介；在已有研究成果的基础上，结合知识付费平台的多元化服务场景以及用户内容需求的多元化、服务的个性化、价值的体验性特点，在价值共创理论基础上，按照"主体—行为—效果"逻辑分析知识付费平台生态系统（知识付费平台、知识提供者、用户）价值共创机理和思路（价值共创主体、价值共创行为、价值共创结果），深入探索了相关价值共创主体之间可持续的共生关系，为从价值共创视角下推动知识付费平台持续发展提供了机理参考。

第四章：知识付费平台用户持续行为研究。分别从知识付费平台用户满意度评价、基于感知价值视角的用户持续付费意愿以及知识付费平台用户"网络囤积"现象、原因及解决策略三个方面对影响知识付费平台持续经营和高质量发展的用户层面的主要因素进行了深度剖析，从知识付费平台需求端为其可持续发展提供解决思路。

第五章：知识付费平台知识供给者持续知识供给行为研究。从知识提供者持续产出行为的影响因素出发，运用访谈等质性研究方法，通过对访谈资料的扎根研究，提炼出知识提供者持续知识供给行为的影响因素，并在对范畴关系进行梳理的基础上构建了理论模型，从知识付费平台供给端为其持续发展提供解决思路。

第六章：知识付费平台持续发展阻力及转型路径。首先识别了知识付费平台持续发展的阻力，基于此有针对性地提出了知识付费平台持续发展的路径。

第七章：研究结论与展望。对全书内容进行概括，归纳并总结了本书的主要结论，最后指出本书的局限性并对未来的研究方向进行了展望，为在本书基础上对相关问题展开深入研究提供建议。

六、研究方法和主要创新点

（一）研究方法

本书从理论分析与实证分析两个方面进行定性与定量研究。

（1）在理论分析方面，本书主要运用文献分析、理论归纳和演绎、访谈、内容分析等方法进行了定性研究。

本书通过对国内外大量研究文献的梳理，在对已有研究进行归纳和总结的基础上，发现了已有研究存在的缺陷与不足，并有针对性地从知识付费平台需求方和供给方视角出发，归纳出影响知识付费平台需求方和供给方持续行为的因素；同时，本书在相关理论的基础之上，通过访谈等质性研究方法构建了知识供给方持续知识供给行为的影响因素模型。

本书综合运用相关理论和文献，探索了知识付费平台价值共创机理；运用内容分析法，在对知识付费文献等文本性数据进行分类的基础上挖掘其本质，并将其编码，分为核心编码、关联编码和开放编码，识别了影响知识付费平台可持续发展的阻力和制约因素，提出了平台转型路径。其中，影响知识付费平台可持续发展的阻力包括内容后劲不足，服务闭环存有缺口，知识产权保护方面侵权行为屡禁不止。在此基础上给出平台转型探索路径：严控内容品质，秉持"品质为王"；重塑价值交付方式，提供多元服务；筑牢发展基石，健全知识产权保护机制；专注长期主义，持续转型创新。在知识付费用户满意度评价方面，本书采用焦点小组访谈法，选取12名有过线上付费订阅相关知识产品经历的用户为访谈对象，并对访谈结果进行编码、归类。基于已有研究和访谈结果，根据指标选取的全面性与重要性原则、系统性与独立性原则、实用性原则等，结合在线知识付费订阅用户的特征，构建了知识付费订阅用户满意度评价指标体系。

（2）在实证分析方面，本书主要运用问卷调研和统计分析的方法进行了定量研究。

首先，在知识付费用户满意度评价方面，本书运用层次分析法和模糊综合评价法相结合的方法，对在线知识付费订阅用户进行调查，收集数据并进行了实证研究。

其次，在知识付费平台用户持续付费意愿研究部分，本书通过大量数据的收集和实地访谈，获取了研究所需的二手资料，初步形成了待验证的模型假设；将研究假设中所涉及的变量在已有量表的基础上进行修改与完善，通过专家讨论和小规模访谈，形成初始的调查问卷，并选取有知识付费经历的部分用户进行问卷预测试，分析问卷各题项的有效性，针对出现的问题与不足进行修改和调整，最终确定了正式调研问卷。然后通过各种渠道实际发放调查问卷并进行数据收集以及无效问卷剔除。最后运用相关统计软件进行数据分析，对假设进行检验，并得出了相关研究结论。

此外，本书所采用的统计分析方法主要有以下几种：①描述性统计分析。用于对样本的基本资料进行统计说明，说明各变量的样本数、百分比等，以描述样本的类别、特性及比例分布情况等。②相关分析。用以预测各变量之间的方向和相关程度。③效度分析。用因子分析法中的主成分分析法检验问卷中各变量题项的效度（KMO〈检验统计量，Kaiser-Meyer-Olkin〉值和Bartlett球形检验〈巴特利特球形检验〉）。④信度分析。利用Cronbach's α（克朗巴哈系数）值检验问卷或量表能否稳定地测量所测的构念。⑤方差分析。用于探讨控制变量对用户满意度和持续付费意愿是否存在显著性差异。⑥层次回归分析。用于探讨理论模型中的多个自变量与单个因变量之间的关系，并对所提出的研究假设进行验证。⑦中介效应分析。用于分析中介变量是否发挥中介作用，使用Bootstrap法，选择其中的模型4，样本数为5000，执行中介效应检验。⑧多级模糊综合评价。运用层次分析法确定各指标权重，然后运用二级模糊综合评价，从多个角度对评价对象隶属的等级情况进行综合评判。

（二）主要创新点

已有针对知识付费平台持续发展的研究比较零散、琐碎，缺乏系统性归纳和梳理，本书通过理论与实证分析，主要得到了如下创新性成果。

（1）从价值共创视角深度剖析了知识付费平台持续发展的机理。已有研究鲜少对知识付费平台持续发展机理进行剖析，本书结合知识付费平台的多元化服务场景以及用户内容需求的多元化、服务的个性化、价值的体验性特点，在价值共创理论基础上，按照"主体—行为—效果"逻辑分析知识付费平台生态系统（知识付费平台、知识提供者、用户）价值共创机理和思路。本书认为在知识经济时代，知识付费平台持续发展依赖于平台生态系统中的各参与主体之间的价值共创能力和行为，价值共创对平台的持续发展至关重要。其中，价值共创主体包括知识付费平台、用户、知识提供者。价值共创行为包括付费前的用户连接阶段、付费购买的双方互动阶段及购买后的信息反馈阶段。本书对整个价值互动过程中的知识付费价值共创平台的角色、功能，以及各价值共创主体应发挥的功能、侧重点等进行了深入探讨。最后对价值共创的结果（价值类型）进行了阐述，包括平台方、知识供给方和知识需求方（用户），为理解知识付费情境下的价值共创过程和机理提供了新框架，有利于知识付费平台持续共创价值。

（2）分别从知识付费平台需求端和供给端出发，构建了知识付费平台持续发展的影响因素体系，揭示了平台用户（包括知识提供者）持续付费意愿或产出行为的影响机理。已有研究要么从知识付费平台需求端出发，要么从知识付费平台供给端出发，研究影响平台用户（包括知识提供者）持续付费意愿或产出行为的因素，本书分别对平台供需两端的价值共创主体持续意愿和行为进行了探索，采用定性与定量相结合、扎根理论质性研究与回归分析实证研究相结合的方法，揭示了平台用户的持续行为影响机理。

（3）识别知识付费平台可持续发展的阻力和制约因素，并探索性地提出知识付费平台可持续发展的路径。目前第一代知识付费平台具有内容多元化、个性化和有针对性等特征，在行业中有一定的市场占有率，也存在亏损、新增注册用户数较上年同期下滑等不利现状，如何向用户提供优质内容以拉新留存，如何进一步增强用户对平台的黏性，如何应对第二代知识付费平台的冲击以尽快扭亏为盈，转型创新、高质量发展、长期主义成为当前各类知识付费平台生存发展的必选项。已有研究鲜有针对平台发展阻力进行系统探索的相关研究，本书从内容、服务及知识产权保护三个角度，识别知识付费平台发展中的阻力及制约因素，从严把付费知识内容关、重塑价值交付方式、筑牢发展基石和专注长期主义四个方面探索了知识付费平台价值共创和持续发展路径，突破制约知识付费平台发展的现实"瓶颈"，打造专属核心竞争力，推动知识付费平台向高质量发展迈进。

第二章

文献综述与理论基础

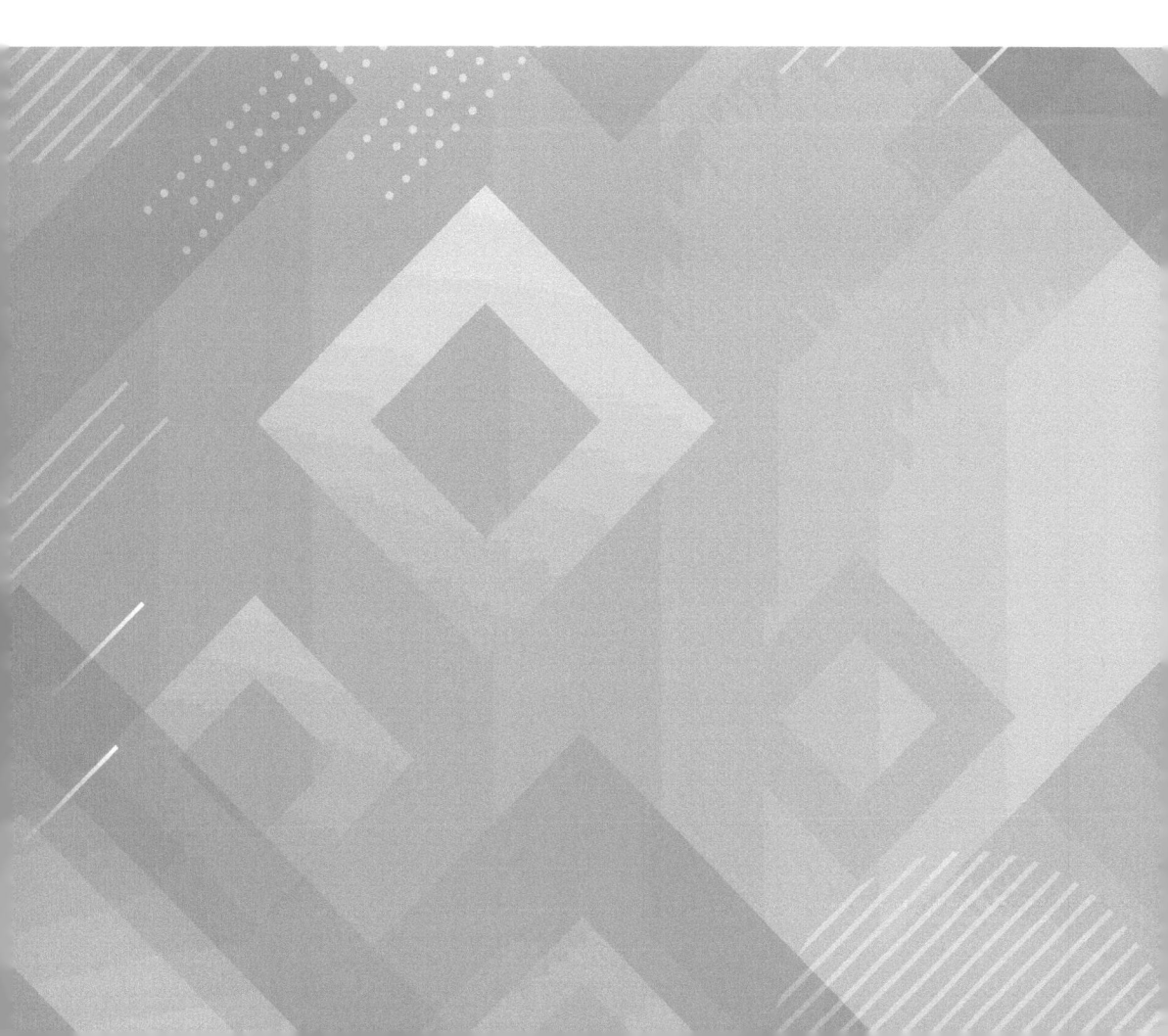

一、知识付费

（一）知识付费的含义

知识付费与知识转移、知识共享、知识交流不同。知识转移不仅包括知识来源方对知识的分享，还包括知识接受者对知识的获取和应用。Hendriks（1999）认为，知识转移是一种组织间沟通的过程，因为知识不像商品可以自由地传递，当组织成员间在学习知识时，就是在分享他人的知识，所以必须有知识重建的行为，因此知识转移涉及两个主体：①知识拥有者，必须有心或愿意以演讲、著作、示范或其他方式进行知识的沟通；②知识需求者，必须能够以模仿、倾听、阅读、尝试和试错等方式来认知与理解知识。知识转移通常用来描述不同的组织、部门之间的知识转移，而非个人之间的知识转移（Szulanski et al.，2004）。知识共享是指知识来源方提供任务信息或知识，旨在帮助他人或与他人合作解决问题（Cummings，2004）。知识交流不同于知识共享。虽然"知识交流"和"知识共享"两个概念在许多文献中被互换使用（Cabrera et al.，2006），但知识交流既包括知识共享（用户向他人提供知识），也包括知识寻求（用户向他人寻求知识）（Wang & Noe，2010）。在线知识消费使拥有特定专业知识的在线用户（知识提供者）能够在知识平台上高效地传播知识，并将其传播给渴望知识的人（知识消费者）。知识传播的过程通常由两种消费形式驱动，即免费在线知识交换和在线知识付费。与在线知识交流中的免费知识消费不同，在线知识付费中的消费者必须支付获取知识的费用（Qi et al.，2019），因此知识付费与知识交流最为相似；但知识付费具有典型的电子商务特征（购买和销售），因此可以与以往的知识转移、知识共享和知识交流形式区分开来（Zhang et al., 2018）。

在线知识付费通常发生在知识平台上，用户在知识付费平台上可以分享、出售、寻求和购买知识，如问答网站（如知乎）和在线课程平台（如得到）。起初这些平台上的知识是免费的，但随着知识数量激增，知识质量难以保障，用户必须花费更多的时间和精力来筛选大量的免费知识，以获得所需的知识（Feng, 2017）。为了吸引知识寻求者和知识贡献者，一些知识平台提供付费知识产品或服务，允许知识贡献者和平台向知识寻求者收取特定知识的费用。这种做法创造了一种可持续的盈利模式，为平台、知识贡献者和消费者创造了涉及三方的利益。对于知识贡献者来说，可以通过贡献自己的成功方法、经验和独特思想来获得经济回报并创造社会声誉（Guo et al., 2017）。对于消费者来说，可以从付费订阅或付费提问中获得相应的价值。对于平台而言，可以通过直销、佣金、增值服务和广告等形式获得稳定的收入（Su et al., 2019）。

一般认为，知识付费的本质是将知识货币化，或将知识转化为可交易的产品或服务，从而使知识寻求者能够通过付费有效地获取特定知识，同时激励知识贡献者生产高质量内容以实现经济价值（Zhang, Zhang & Zhang, 2019）。知识产品的模式各不相同，如付费问答、直播课程、付费课程和专栏、线下预约和社区服务，这些都可以满足用户不同的知识需求（Qi et al., 2019）。国内学者郭宇等（2021）对互联网知识付费的概念进行了综述，指出互联网知识付费是用户通过网上交易分享信息、提供知识服务从而获取收益的传播模式，可以从电子商务、行为科学和知识管理层面来理解互联网知识付费的概念。其中，电子商务视角的知识付费最为常见，这类观点认为互联网知识付费是知识生产者与知识消费者之间知识与价值的互换，它关注在线用户的货币支出，即描述使用有形资源获取知识的交易活动并定价（郭宇等，2021；Qi et al.，2019；Shi et al.，2020；Daradkeh et al.，2022）。行为科学视角的知识付费关注的是互联网用户对知识产品或服务的消费行为（蔡舜等，2019；张颖和朱庆华，2018），可划分为消费前期、消费中期和消费后期三个阶段，不同的知识消费阶段，消费者的知识行为不同，表现为：交易——内化——扩散（Pang et al.，2020；Kuswanto et al.，2020）。知识管理视角的知识付费将知识付费平台视为一个新兴的生态系统，它汇集了在线知识生产、创造、传播、服务、使用、开发、消费、娱乐的各个方面（Bao & Han，2019；Sun et al.，2022），这一视角较为宏观。这一层次是知识付费研究的重点，版权方、产品解释者、知识领导者、服务定位、分销渠道、技术支持、协作网络等都参与了知识付费架构过程（Wang et al.，2019；Lin et al.，2021；Anshari et al.，2022）。

袁荣俭（2018）将知识付费概念划分为广义和狭义视角，广义的知识付费可以理解为基于行政或市场对知识进行配置的交易，即基于知识的交易都可以看作知识付费，主要表现在出版、教育和培训等领域；狭义的知识付费是利用市场，融合大数据、人工智能等工程技术，通过互联网进行传播，以移动支付作为主要支付手段，对知识产品进行优化配置的经济现象，即通过互联网平台进行的知识市场交易行为，用户为获取特定的知识而支付费用（袁荣俭，2018）。严建援等（2019）基于产品和服务视角，认为在线知识付费是向大众销售求知目的明确的、碎片化的知识产品或服务。与内容付费相比，知识付费涉及面更窄，它不包含纯粹享乐型的内容，如音乐、视频、体育新闻等。艾媒咨询认为，知识付费是一种获得高质量信息服务的手段，知识提供者将个人知识或技能转化为知识商品，知识消费者通过付费交易知识。早期的知识付费体现为教育、咨询、出版等形式，随着移动互联网的深入发展，知识付费逐渐由终端体系化向移动端碎片化发展，知识付费成为个人通过线上交易分享知识信息来获取收益的传播模式（艾媒咨询，2022）。知识付费是指内容创造者将书籍、理论知识、信息资讯等知识与自身认知积累融合，并对其进行系统化和结构化，之后梳理转化成标准化的付费产品，借助平台搭建的付费机制与业务模式传递给用户，以满足用户自身认知提升、层级归属、丰富谈资等需求的创新产业形态（易观分析，2017）。线上知识付费，即用户通过向各个知识付费平台，以购买的形式获取自己所需要的知识、得到相关问题的答案的行为（卢春天等，2020）。本书关注的是狭义的知识付费，主要基于电子商务和行为科学两个视角。

（二）知识付费的类型

方军（2018）指出，付费知识产品有几种主要形态，包括全年订阅专栏、小专栏、讲座课程、线上训练营和付费社区。其中，全年订阅专栏是知识产品中单体规模最大的产品，内容体量大，需要作者、讲者有深厚的知识积累，如得到App推出的薛兆丰的经济学课程。这种订阅专栏提供的知识是某个领域体系化的、深入的知识，整体体量大，知识点之间的关联性也很强，通识性强，能适应绝大多数人的需求，而且往往以音频的形式出现。全年订阅专栏在受到用户关注的同时，也存在一些不足，比如知识提供者较少，往往是某个领域的专家，高质量、长时间的输出对于知识提供者而言也是一种负担。于是，小专栏形式的付费订阅知识产品出现了，这是一种短周期的知识输出，如半年或一个季度，在短期内或一次性可更新完毕。小专栏产品形式多样，除音频外，还有视频、互动社区等形式。小专栏还可以实现快速迭代，如十点课堂中的"情绪急救包"课程。讲座课程和线上训练营是讲者在教与学的互动中把知识传递给用户（知识需求方）。线上训练营的规模相对讲座课程要小，类似于线下的夏令营、短期小班课，线上训练营特别强调讲者和学习者之间的互动和交流。多数线上训练营都配有助教，负责答疑解惑，而这种形式的付费知识产品往往是以知识市场和社群的途径存在的。线上训练营的时间相对较短，比如14天、21天，或是1个月。有些平台推出的知识订阅产品和服务是一种纯粹的知识市场行为，知识消费者付费购买后，需要完全依靠个体的自觉性进行知识的获取和学习，可能会存在付费购课但不学习或忘记学习的情况，即存在"网络囤积症"。喜马拉雅等平台的公开数据显示，付费用户的打开率和播放率都在下降（赵周，2017）。这种方式是以价格机制作为买卖双方交换的代价，以用户、知识提供者、在线知识付费平台三方之间的信任为核心，成本较低，学习时间较为自由；缺点是人际交流少，三方之间互动频次少，是一种单向的知识传播方式，由于缺少反馈，学习效果欠佳。有的知识付费产品和服务是知识消费者采取知识市场与社群相结合的方式获取相关知识，这种知识产品和服务往往具有在服务期内知识生产者和组织方全程参与的特征，各平台参与者之间互动频次较高，学习氛围较好，学习效果一般较好，获取知识的途径也多样化，相应地知识获取的成本也较高，特定时期内用户的学习任务较重（任丽丽等，2020）。最后一种付费知识产品就是付费社区，最常见的付费社区是付费微信群，用户以某种方式付费后可以加入交流。付费社区通常由知识IP（知识产权）个人作为发起人，发起人持续提供内容，回答问题，并创造社区成员交流的氛围。当然，方军（2018）也指出，这五种付费知识产品是为了方便分析而进行的划分，实际上这些产品形态之间的界限是模糊的。一种付费知识产品可能是讲座课程的形式，也可能带有社区性质，社区成员间有互动，有时候可能是以直播的形式出现，而直播的时候可能是问答，也可能是讲座或课程。易观分析《中国知识付费行业发展白皮书2017》指出，知识付费产品可分为六种形态，即音频录播、图文分享、在线问答、视频直播、视频录播、一对一咨询,付费模式分为订阅合辑付费、打赏、单次付费、授权转载付费四种。其中,订阅合辑付费是用户根据自己的兴趣爱好主动订阅某一知识生产者产出的一系列知识产品。单次付费是用户查看特定内容仅需付费一次,付费查看后立即得到答案,包括付费问答和付费围观。打赏是用户查看内容后自愿选择是否为内容付费,付费金额也由用户自愿选择。授权转载付费是用户对知识生产者所产出的知识产品进行商业转载或引用时需要向其支付相应的授权费用。由此可见,付费订阅模式是知识付费的主要模式。知识付费产品形态及付费模式如表2-1所示。

表2-1 知识付费产品形态及付费模式

产品形态	典型知识付费平台	付费模式
音频录播	喜马拉雅、得到、豆瓣、蜻蜓FM	订阅合辑付费
图文分享	知乎、简书、知识星球	打赏、单次付费、授权转载付费
在线问答	微博问答、百度知道	单次付费
视频直播	千聊、荔枝微课	单次付费、订阅合辑付费
视频录播	腾讯课堂、慕课网	订阅合辑付费
一对一咨询	在行、百度问咖	单次付费

资料来源:根据易观分析(2017)修改得到。

事实上,不同学者对知识付费的分类不同,比如杜智涛和徐敬宏(2018)指出,在线知识付费行为是用户在互联网环境下有偿获取知识的行为,包括付费知识问答、内容打赏、付费课程与内容订阅等形式。袁荣俭(2018)认为,知识付费按内容形态可以分为付费问答、付费讲座、专栏订阅。张帅等(2017)认为,知识付费包括付费订阅、付费问答和付费打赏三种形式。从商业模式来看，平台方只是知识供需双方的连接者，本身不负责知识的生产和编辑；而用户打赏形式受用户自身意愿的影响较大，较少涉及平台方或知识供给方。作为在线知识付费的一种主要模式，付费订阅注重用户在碎片化场景里追求知识的完整性、体系性以及内容的连贯性，以订阅专栏、课程、线上训练营等方式获取知识产品或服务；强调知识提供者围绕某一主题进行知识结构微调整，形成相互关联又自成体系的知识模块，以一定频率更新内容，与用户在一定时间范围内分享知识（张帅等，2017；王雪莲等，2022）。它相当于方军（2018）划分的全年订阅专栏、小专栏、讲座课程、线上训练营等付费知识产品。付费问答是指用户在知识平台上通过支付一定费用来获取专业回答或信息的一种互动形式。提问者往往为了解决特定的问题或获取专业知识而支付费用，答主通常需要在规定时间内给出答案，从而获得收益，以确保信息的及时性和相关性，否则，这笔钱将退还给提问者。此外，提问者能够与答主保持持续的互动，从而有更大的机会获得高质量的、令人满意的解决方案（Kitzie et al.，2012）。在这种模式下，由于问答双方之间的交流是私人的，对问题感兴趣的围观听众也可以参与进来并激活身份（Jan et al.，2018；Zhao，Liu & Song，2018），需要支付平台设定的少量费用来查看答主的回答。现实中，一些付费问答平台允许旁听或者围观，这促进了知识共享和转移。除了平台收取的佣金以外，听众支付的大部分费用由提问者和回答者分成。比如在知乎上，旁听费用为1元（见图2-1）。在付费问答平台上，用户既是内容的消费者，也可以作为专家提供有价值的信息或知识，这种模式实现了问答双方身份的转化，即常见的用户生成内容（User Generated Content，UGC）模式，这种方式为普通用户表达自我和分享创意提供了空间和平台，为平台带来了活跃的用户基础和丰富的互动场景，也是普通用户将认知盈余变现的方式之一。这种知识付费模式不仅为寻求专业知识的个人提供了便利，也为拥有专业知识的人提供了变现的机会。在常见的付费问答平台上，用户有相应的创作中心，平台提供创作灵感，比如近期热点、潜力问题等，用户还可以进行内容管理和数据分析、收益变现和创作成长。

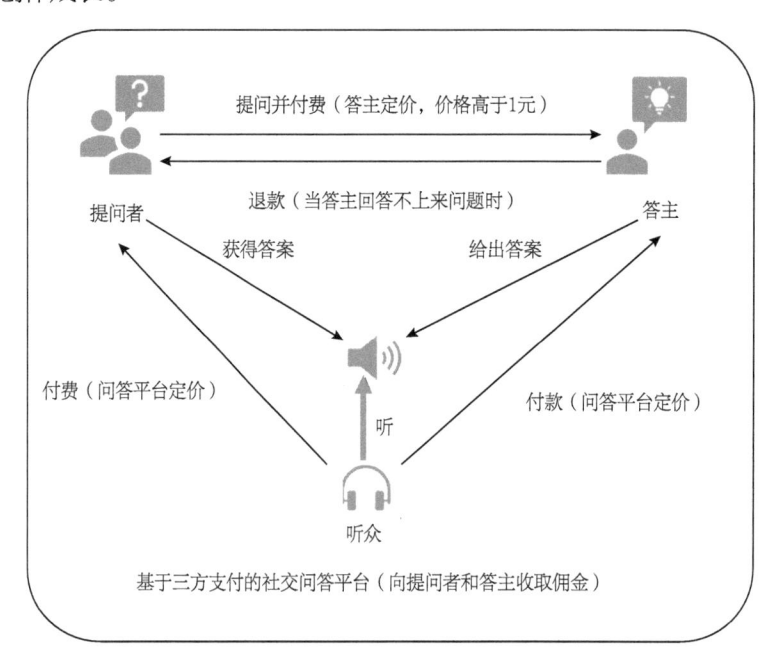

图2-1　基于三方支付的社会化问答平台

资料来源：Zhao et al.（2020）。

（三）知识付费的兴起动因

2016年被称为"知识付费元年"。大量知识付费平台应运而生，得到、知乎、分答等不同模式的知识付费平台在市场上崭露头角，知识付费行业逐步迈向产业化，成为资本的新的投资风口。艾媒咨询数据显示，自2015年以来，中国知识付费市场规模从15.9亿元增长到2022年的1126.5亿元，较2015年增长约70倍，预计2025年市场规模将突破2808.8亿元。中国知识付费行业的用户群体也在急速扩大，从2015年的0.5亿人快速增长到2021年的4.8亿人，年均增速达46%[①]，预计2025年将突破6.4亿人。2012—2022年，中国知识付费行业的相关企业数量不断增长，但增长速度有所放缓，行业逐渐进入平稳发展阶段（艾媒咨询，2022）。新发展趋势下，为充分服务于知识付费平台的高质量建设，着力构建知识付费行业的发展新生态，本书对知识付费的兴起动因进行了系统梳理，归纳整理如下。

1. 知识付费兴起的内生动力

知识付费兴起的内生动力源于付费知识的原生价值内核以及知识付费平台的价值主张。

（1）付费知识的原生价值内核。

随着社会的发展进步，对于教育和学习的重视只增不减，知识成为打开物质世界及精神世界大门的"金钥匙"。按照马斯洛的需求层次理论，当基本需求得到满足时，高层次的求知需求开始凸显出来，人们对专业知识、跨界知识、定制知识等各类知识产生了越来越大的兴趣与需要，为知识付费提供了兴起的土壤。知识承载着智慧，续写着文明，推动着人类历史的车轮滚滚向前。此外，高质量的信息通常是人们使用免费知识搜索引擎或学习系统的主要动力（Alsabawy et al., 2016；Jin et al., 2015；Joo et al., 2014；Mohammadi, 2015；Shen et al., 2013；Yan & Jian, 2017）。因而，付费知识本身所具备的价值内核是知识付费平台持续为用户提供满意内容的不竭动力，是用户持续付费的根本保证。

（2）知识付费平台的价值主张。

随着在线知识付费商业模式的不断完善，知识付费平台的价值主张逐渐清晰，即主要致力于为知识生产者及知识消费者创造价值（严建援等，2019）。一般而言，知识付费企业的价值主张可归纳为四个方面：

[①] 根据艾媒咨询《2022—2023年中国知识付费行业研究及消费者行为分析报告》公布的数据测算得到。

一是知识价值，即为用户提供确定的知识及实现知识价值的平台。二是效率价值，体现为帮助用户提升知识获取的效率，完成碎片化交付。三是经济价值，表现为知识生产者可依托知识付费平台获取相应的经济利润。四是社交价值，属于附加价值，涉及用户与用户、用户与平台、用户与知识提供者、用户与潜在用户间的交流互动。当前知识付费平台的价值主张赋予了付费知识鲜活的张力，营造了浓厚的学习氛围。

2. 知识付费兴起的外源推力

知识付费兴起的外源推力源于摆脱"内卷"带来的焦虑、知识的等价付费交换意识、知识生产者的知识盈余、居民整体消费水平的提升以及移动支付及人工智能的发展。

（1）摆脱"内卷"带来的焦虑。

互联网时代，海量的信息和知识导致知识过载、知识趋于廉价，筛选出高质量、个性化的知识的成本趋高，由此引发用户的各种焦虑，在这种背景下各种类型的知识付费平台应运而生（杜骏飞，2017）。近年来，人们对追求高质量信息和知识的渴望以及信息技术的发展促成了全球范围内知识付费行业的兴起（Qi et al., 2019）。知识成为当今时代最具竞争力的资源之一。科技高速发展的时代，也是一个知识饥渴、本领恐慌的时代。各行各业逐渐出现不同程度的"内卷"现象，由此带来技能和认知焦虑，人们担心知识匮乏，跟不上智能化科技的发展步伐（胡妍妍，2021），而当个体的知识焦虑开始蔓延时，获取知识的欲望也愈加强烈。知识付费也因能满足用户的效用提升需求而得到了"井喷式"的发展，知识消费者对于通过学习摆脱焦虑的渴望推动了知识付费平台的发展，知识付费平台因而成功实现了流量变现。

（2）知识的等价付费交换意识。

为知识付费，为学习买单。"终身学习""碎片时间"等理念赋予了知识价值，人们为优质知识付费的意识普遍觉醒。从关注时间成本到重视学习效率，消费观念转变使得用户越来越适应通过付费来获取一些知识，从而带动了知识付费行业相关产业的发展。知识的等价付费交换意识的形成离不开以下原因：一是在互联网免费获取信息的时代，在线视频及音乐行业的出现触发了消费者为优质信息付费的意愿，潜移默化地影响用户养成了在线付费习惯。二是在信息爆炸的时代，知识传播速度加快，各类信息席卷而来，但鱼龙混杂，难辨优劣，筛选出高价值、个性化知识的成本越来越高，直接催生了能够把关知识质量的知识付费平台。在汲取知识的过程中，知识付费平台充当了知识的"严选官"，通过专业的甄别和筛选，严格把关知识质量，很大程度上节约了用户的时间成本，使付费用户在短时间内即可获得较为满意的知识。因而，让用户感觉到"物有所值"甚至"物超所值"成为影响知识付费行业兴起的关键因素。

（3）知识生产者的知识盈余。

有需求就会有供给，有寻找知识的消费者，同样也会有愿意分享知识的知识生产者。知识生产者是知识付费价值链中的重要一环，不同领域的学者、专业人士或任何存在认知盈余的人都可能成为付费知识的生产者。这些知识生产者通过各种知识传播渠道将自己熟悉和擅长的专业领域的知识分享出来，在获得经济利益的同时，帮助更多人实现了跨界学习、获得多元认知视角的可能，进而促进了知识付费行为的产生，实现了知识付费平台的价值共创。此外，知识提供方垂直内容的深耕，大量在线知识型社区、社群以及知识类"网红"、个人自媒体等的出现，是付费知识生产的"源头活水"，知识付费呈现出全民内容输出寻求变现以及产品内容形式多元化等新特点。

（4）居民整体消费水平的提升。

知识共享告别"免费"时代，与居民人均可支配收入的不断增加、人们消费水平的不断提升密不可分。消费升级驱动文化支出增加，知识付费市场不断扩大（艾媒咨询，2022）。调查显示，自2017年以来，我国居民人均可支配收入呈递增趋势，教育文化娱乐支出占比、文化投资与消费水平不断提升，为知识付费的兴起提供了强有力的经济保障。与此同时，知识消费类型实现了从"生存型"到"发展型"的转变。艾媒咨询数据显示，中国用户中，约1/3的消费者每月会在知识付费产品中投入100~500元，近1/2的消费者每月会在知识付费产品中投入500~2000元。较高的知识付费产品支出水平也在一定程度上反映出用户对知识付费产品有着较强的消费意愿。

（5）移动支付及人工智能的发展。

随着互联网基础设施的不断完善，5G技术（第五代移动通信技术）逐渐走进千家万户，加之提速降费等惠民政策的实施，切实打通了互联网终端普及的"最后一公里"。近年来，移动付费用户规模稳步扩大，且随着微信、支付宝的普及使用，消费者的付费行为可以在更为便捷和有安全保障的条件下进行，随时随地进行移动终端支付的场景已司空见惯（王传珍，2017；杜骏飞，2017；艾媒咨询，2022）；然而正是这种移动支付习惯的建立，极大地方便了付费交易的进行，为知识付费奠定了坚实的发展基础。与此同时，移动互联网技术在知识付费的兴起进程中有着不可忽视的作用，对知识传播渠道的重构意义重大。越来越多的付费知识得以依靠5G、人工智能，甚至VR/AR（虚拟现实/增强现实）技术进行传播，极大地丰富了用户的体验，成为知识付费兴起的"助推器"。

（四）知识付费的发展历程

互联网知识从免费到付费再到高速发展大致经历了三个阶段。

第一阶段为2016年以前。这个阶段是知识付费产业的基础建设阶段（市场酝酿阶段），以教育、咨询、出版等形式为主，平台搭建、品牌建设的不断完善以及用户体验度的不断提升为内容付费奠定了基础

（袁荣俭，2018）；在2011年之前，互联网知识以免费为主，如维基百科，它所代表的是基于分享精神的知识盈余的无私分享、大规模知识协作生产、知识创造，是互联网上知识创造和知识应用的典范，创造了全新的全球性知识体（方军，2017）。随后由参与者根据兴趣自发组织形成的知识共享社区，进一步改变了知识生产方式，最典型的就是豆瓣（金鑫，2021）。豆瓣是典型的UGC模式，其本身定位为有趣多元的文化生活社区，包括读书、电影、音乐、同城、小组、阅读、FM、时间等。从2011年开始，罗辑思维、豆瓣阅读等陆续推出付费会员制或付费专栏，微博、微信相继开通了付费赞赏功能，付费微信群出现，虽然这只是知识付费的雏形，但表明了用户对优质内容付费的态度以及用户的付费意识在逐渐转变。

第二阶段为2016—2019年。这几年知识付费行业高速发展，特别是2016年，被称为"知识付费元年"。2016年3月，微信生态内最早提出"直播付费知识"概念的平台"千聊"上线。2016年4月，知乎推出新功能"值乎"，5月上线实时语音问答产品"知乎Live"；同样在5月，"在行"团队推出付费语音问答产品"分答"，横扫微信朋友圈，在42天内获得100多万付费用户。2016年6月，微信公众号"罗辑思维"推出了付费订阅专栏《李翔商业内参》，当天订阅数突破1万。喜马拉雅FM紧随其后，推出首款付费口才内容产品"好好说话"，一天时间内付费金额突破500万元，2016年12月举办"123知识狂欢节"活动，当天销售总额超过5000万元（沈嘉熠，2018）。2016年12月，新浪微博推出"微博问答"新功能。可以说2016年几乎每个月都有新的知识付费产品出现，知识付费行业处于爆发增长期。到了2017年，知识付费进入快速发展期，各知识付费平台纷纷加码布局知识付费领域，比如：喜马拉雅FM继续推出"123知识狂欢节"，以及打造内容消费行业首个会员日"66会员日"；知乎推出"市场"独立入口，包括知乎Live、书店和付费咨询频道。各大知识付费平台在这一阶段逐渐向垂直纵深领域延伸，也表明了用户对深度、专业化内容和服务有了更高的要求。到了2018年，我国知识付费用户规模达2.92亿人，增速放缓，知识付费行业进入拐点，行业发展渐趋理性，知识付费正在全面升级为知识服务。知识付费行业开始迭代"内容+服务"的商业模式，从图文开始扩展到音频、视频、直播，从线上延伸到线下，从单纯的培训扩展到付费问答、线上训练营等多种模式。艾媒咨询分析师认为，随着移动支付技术的深入发展以及整个社会对知识的迫切需求，知识付费市场规模不断扩大，用户逐渐养成知识付费的消费习惯（艾媒咨询，2018）。2019年，我国知识付费行业用户规模达3.6亿，行业市场规模达278.0亿元。知识产品载体及应用场景进一步延伸，知识付费工具服务的多样化支持了支付模式的多元化，贴合了知识消费者的知识付费意愿，有利于知识付费行业的发展。与此同时，经历了前期的高速增长后，知识付费行业的热度逐渐降下来，出现了知识付费产品打开率和复购率不高、内容筛选和推广体系缺乏、知识产权保护力度不足以及用户满意度低等问题，亟待业内参与者寻求业务模式创新。比如，千聊在经历近三年的发展后，逐步由工具化产品向独立内容平台过渡（艾媒咨询，2019）。

第三阶段为2020年至今。由于新冠疫情影响，知识付费行业因其可以丰富用户的精神生活在疫情防控期间获得了极大的发展；此外，疫情使中国商业经济受到很大的影响，民众、企业与职工精神压力增大，对于知识付费产品的需求也同步增加。艾媒咨询数据显示，在2020年，有63.1%的知识付费用户购买过知识付费产品，主要以职场技能类内容为主；90%以上的用户表示对其购买的知识付费产品比较满意或者非常满意（艾媒咨询，2020）。随着知识付费行业不断发展成熟，知识付费用户更加关注内容本身，垂直、细分化的内容成为知识付费领域的发展趋势，大众化平台逐步向专业化细分产品转化，知识付费场景不断拓宽。此外，我国市场也逐渐浮现出大量专注于IT（信息技术）、职场、金融、健康等热门领域的自媒体和知识服务平台，旨在精准解决用户的核心知识需求；然而，2021年以来，随着抖音、快手等第二代知识付费平台涉猎知识付费领域，"自媒体+算法"平台模式重构了知识付费生态链。区别于喜马拉雅FM、得到、十点读书等第一代知识付费平台，第二代知识付费平台的知识付费交付方式以视频和直播为主，付费内容呈现更为多元化，行业涌现出一大批"草根"作者，借力于平台的知识付费工具参与变现，并运用平台算法分发技术获取客源（艾媒咨询，2022）。这就意味着传统的垂直类知识付费平台要想获得持续发展必须转型创新。

二、知识付费平台

（一）知识付费平台的含义

随着大数据、算法等数字技术的不断发展，知识需求方（用户）通过知识付费平台获取相关知识的方式越来越智能和便利，信息搜索所需的时间和精力大大缩减，个人学习效率和效果不断提升（Lambrecht & Misra，2017），有效缓解了用户的焦虑感，因此人们越来越倾向于从专业的、权威的知识付费平台获取知识。

所谓知识付费平台，Qi等（2019）指出，知识付费平台是知识提供方向知识需求方有偿提供知识或服务的平台，具有典型的电子商务特征（销售和购买）。知识付费平台可以提供多元、专业、准确、高质量的知识或服务（Huo & Li，2022）。郭宇、刘文晴、孙振兴等（2021）指出，知识付费平台是互联网背景下为知识生产者输出碎片化或系统化知识提供空间的平台。方军（2017）指出，知识付费平台是连接者、匹配者和市场机制设计者，是将知识提供者的认知盈余变现，让知识生产者获得收益，将知识变成产品与服务，满足知识消费者需求的平台。在我国，典型的知识付费平台有知乎、喜马拉雅、得到、十点读书、小鹅通等。知识付费平台提供的知识产品包括图文类、音频类、视频类、问答类四种类型。知识付费的主要模式有问答/直播、听书、专栏/课程、社区和咨询（Huo & Li，2022）。

（二）知识付费平台的分类

根据不同的划分标准，知识付费平台可以划分为不同的类型。

（1）按照各种知识付费平台的内容性质，知识付费平台可以分为大众化平台、垂直化平台和社交化平台三种类型（袁荣俭，2018）。

大众化平台上，知识内容和产品形式较多样化，知识覆盖广泛，潜在用户群体巨大。代表性平台包括知乎、在行、得到、喜马拉雅、小鹅通、三节课、帆书、混沌大学等。垂直化平台以专业型的产品为核心，内容深度是其他平台无法比拟的，具有多年积累的行业资源和内容生产经验，代表性平台包括丁香医生、钛媒体、36氪等。社交化平台具有社交功能，能够提高用户黏性，社区沉淀着丰富的关系链，用户互动活跃性较强，具有较大流量基础，如微博付费问答、微信平台、在行等。现在很多平台在朝着综合性平台方向发展，如主推付费专栏的喜马拉雅开通了问答功能，主推问答的知乎也有订阅功能。一般而言，平台之间的替代性较强。

按照知识付费平台的内容性质，还可以将知识付费平台划分为第一代知识付费平台（垂直类知识付费平台）和第二代知识付费平台（综合类知识付费平台）。其中第一代知识付费平台进入知识付费领域较早，从2016年"知识付费元年"涌现，到目前为止已积累了一定的行业经验，商业模式较为成熟，但也伴随着一些障碍，如内容同质化，用户体验感不好，侵权行为泛滥，等等，亟须转型创新；而第二代知识付费平台以抖音、快手等为代表，这是一类综合性平台，进入知识付费领域时间相对较短，但其主要以视频和直播为主，付费内容呈现更为多元化，并充分运用平台算法分发技术获取客源，用户群体更为庞大。

（2）按照知识付费产品的呈现形式，知识付费平台可以划分为订阅专栏（课程）、付费讲座、线上训练营、社会化问答、一对一咨询等形式。

订阅专栏（课程）。订阅专栏（课程）分为全年订阅专栏和小专栏，具有订阅性质，内容具有连贯性和完整性，可以满足用户对深层次知识的需求，订阅期短则数天，长则1年或更长，用户需要一次性购买，因此费用一般较高，如十点课堂的"做不焦虑的父母"订阅专栏课程，知乎的盐选专栏"高效学习：普通人的自我提升指南"课程，等等。

付费讲座。内容提供者自选主题进行单次内容分享，用户试听后可自主选择是否付费购买，比如知乎Live等。

线上训练营。在订阅基础上，辅以社群形式，在线上训练营持续时间内，知识提供方或平台方为知识需求方提供答疑解惑服务。线上训练营结束，相关的答疑服务停止，这种方式提供的知识更多是一种周期性服务，用户满意度相对更高，黏性更强，但是费用一般较高，如得到的沟通训练营、21天线上高效学习等。

社会化问答。知识需求方提问，知识供给方回答，对某个问题感兴趣的其他用户付费围观。平台从问答双方获取收益。回答质量参差不齐。常见的社会化问答平台包括知乎、微博问答等。

一对一咨询。典型的一对一咨询平台有在行，为用户提供一对一的个性化咨询服务，建立起用户与行家之间的深度连接，该平台有严格的行家入选标准，数万行家分布全领域。

当然，实际中一个知识付费平台可能上述产品形态都有，比如得到，有课程、听书、训练营、锦囊等，但不同的知识付费平台侧重点不同，展示给用户的方式也是多元化的，如图文、音频、视频、直播、录播等。

（三）典型的知识付费平台介绍

1. 喜马拉雅

据喜马拉雅官网公开信息显示，上海喜马拉雅科技有限公司成立于2012年，是深受用户喜爱的在线音频分享平台，如今，喜马拉雅已经建立了从头部IP到长尾内容全面覆盖的健康、均衡、有活力的生态内容体系，在线音频服务涵盖了用户从1~100岁不同年龄阶段所需要的丰富内容，累积了包含101个品类的3.4亿条音频内容。

喜马拉雅推动了以音频为特色的"耳朵经济"的发展，2021年内容创作者数量超过1351万人。秉承"万物有声"的理念，喜马拉雅用声音连接和服务了数亿用户，推出国内首个全内容智能音箱"小雅"等，开启了语音交互的新传播时代；同时，喜马拉雅加强智能生态建设，完善在汽车、智能家居、智能音箱、智能穿戴等硬件终端的布局，让声音和知识像水和电一样无处不在，随取随用。2021年全年，喜马拉雅全场景平均月活跃用户已达到2.68亿。

喜马拉雅的主营业务包括上游的版权合作内容聚集（签约知名IP、内容合作人招募计划、喜马拉雅大学、有声改编、IP孵化、版权保护），下游的场景建设（会员服务、123知识狂欢节、扩展音频分发场景）（金鑫，2021）。

喜马拉雅的招股说明书显示，2021年喜马拉雅移动端主App平均月活跃用户在中国音频应用程序中排名第一位，移动端平均月活跃用户也由1.02亿增至1.16亿，且移动端用户共花费17 741亿分钟收听喜马拉雅音频内容，约占中国在线音频平台移动端收听总时长的68.3%；但其业绩并不乐观，2019—2021年，连续三年亏损，亏损持续扩大，资源重心倾向研发，获客难度不断增加，用户变现能力弱。

2. 得到

得到隶属于北京思维造物信息科技股份有限公司（以下简称思维造物），这是一家从事"终身教育"服务的企业，成立于2014年，其创始人之一为罗振宇。得到App是思维造物的自有平台，于2015年11月上线。"知识就在得到"，作为一家典型的知识付费平台，得到提供了多元化的知识服务，包括在线课程、听书、电子书、得到锦囊、得到头条、直播及免费专区等线上知识服务，得到高研院、跨年演讲等线下知识服务。此外，得到App还建立了包括图文、视频、直播等在内的多元媒介形式。

2016年6月，推出首个年度付费订阅专栏《李翔商业内参》，订阅费用每年199元，每周更新，推出当天订阅量突破1万，订阅额超过200万元。2016年9月，得到上线《每天听本书》栏目，每天利用30分钟为用户传达一本书最为经典核心的内容，开创了一种全新的知识服务产品品类，也为终身学习者打开了"读书"的新方式。同月，得到做了一个创举，以直播形式公开每周例会。2016年12月得到App用户超过350万，上线一年营业收入超过1亿元。2017年5月，得到在北京举行"001号知识发布会"，推出12款知识产品，包含七大订阅专栏、两大"知识工程"、1本典藏画册《艺术博物馆》、1个名为"曾鸣·智能商业二十讲"的内容产品，以及1本免费开源共享的《得到品控手册》。2017年12月得到App入选App Store（应用商店）年度精选。2018年得到的业务范围不断扩大，首先是跨年演讲重推"中国史纲50讲"，开启大师课战略，4月推出了为青少年量身定制的知识百科平台——"少年得到"App，5月上线"知识城邦"，打破了原有课程专属的封闭式学习小组，降低了用户发言门槛——用户不购买课程也可以发布笔记，关注感兴趣的老师和同学，满足了用户与专业领域大师"接近""联系"的心理需求（全媒派，2019）。随后在7月，联合江苏卫视、深圳卫视和爱奇艺推出了知识类脱口秀节目《知识就是力量》。2019年4月，得到App的"每天听本书"项目入选"2018年度中国十佳数字阅读项目"，9月，由得到App捐资设立"得到奖学金"，面向中国人民大学全体在校本硕博学生评选，获奖者每人奖励5000元。2019年11月，清华五道口金融学院与得到App强强联手，推出系列金融视频大课，包括田轩老师讲授的《公司金融》课程，打通了知识服务平台与高校的合作渠道。2020年2月24日，中国传媒大学与得到App签订协议，设立"得到读书奖学金"。同年4月得到App创立"423破万卷节"，6月，长江商学院中文/金融MBA（工商管理硕士项目）、华东师范大学开放教育学院宣布认可得到App课程学分，开启了主流成人教育机构与互联网优质内容平台的协同探索。2021年3月1日，"得到大学"正式升级为"得到高研院"。用生产新知识的方式来巩固和扩展新的社会网络，反过来又通过扩展和巩固社会网络来促进新知识的产生。2021年5月，得到团队向用户发布过去一年收获的"十个启发"，并在得到App正式上线《得到品控手册7.0》，向全社会公开包含"知识萃取"方法在内的"内部秘籍"。上海财经大学与得到App开展合作，在合作期内，上海财经大学的本科生在得到App学习指定课程，凭毕业证书和学习笔记可以认定第二课堂（实践教育）学分。目前包括《吴军·信息论40讲》《许纪霖·中国文化30讲》《刘擎·西方现代思想40讲》等10门课程。2022年5月，得到发布新品牌"得到训练"，涵盖七大精品系列课程，21天系统性真学真练，助力突破各种沟通、写作、管理等困境，推出"沟通训练营""职场写作训练营""当众表达训练营"等课程，助力用户提升职场软技能。训练营期间助教全程陪伴。2022年12月21日，《罗胖60秒》栏目结束，10年、3652天，每天一条60秒语音，罗振宇又将其中的523条精选，编成523个词条，集结成《启发》一书出版（严建援等，2019）。2023年，得到App被纳入国家开放大学公布的学分银行数字化战略试点单位，该平台的"施展·中国史纲50讲""许纪霖·中国文化30讲""刘擎·西方现代思想40讲""陈海贤·自我发展心理学50讲""刘晗·法律思维30讲"等10门课程通过认定，入选职业教育国家学分银行学习成果名录，成为首批入选该成果名录的通识类课程（李雪昆，2023）。在线下，2018年，得到在北京、上海、深圳、广州、成都、杭州六地创建了"得到大学"（现在城市有新增），2021年3月升级为"得到高研院"。通过线上与线下相结合的学习方式跨界学习，帮助用户实现人脉突破、能力突破和视野突破。截至2022年，得到高研院0~14期累计19 132名实干家加入学习追求改变[①]。自2015年以来，由得到App出品、罗振宇主讲的跨年演讲《时间的朋友》，于每年12月31日定期举办，目前已进行9届。此外，得到还有电子书业务，5万本精选好书均可任意位置免费试读10%；独创全文搜索功能，打通书本知识，方便资料查阅；内容涵盖心理学、商业、管理学、科技、经济、哲学与宗教、法律等领域[②]。

3. 知乎

知乎是一个中文互联网高质量问答社区、创作者聚集的原创内容平台，于2011年1月正式上线，以"让人们更好地分享知识、经验和见解，找到自己的解答"为品牌使命。目前，知乎已经覆盖付费咨询、会员服务体系"盐选会员"、专栏、创作中心等一系列产品和服务，建立了包括图文、视频、直播等在内的多元媒介形式。

知乎凭借认真、专业、友善的社区氛围，独特的产品机制以及结构化且易获得的优质内容，聚集了中文互联网科技、商业、影视、时尚、

[①] 信息来源于"得到高研院"公众号。
[②] 信息来源于得到官网．https://imgcdn-1.umiwi.com/html/poster/pickkMmjKlmXxIBXmlvwP8K.html.

文化等领域最具创造力的人群，已成为综合性、全品类、在诸多领域具有关键影响力的知识分享社区以及创作者聚集的原创内容平台，建立起了以社区驱动的内容变现商业模式。截至2020年12月，已有超过4000万名答主在知乎创作，全站问题总数超过4400万条，回答总数超过2.4亿条。每天，知乎会新增2000多万条创作和互动。2022年6月，平台内容创作者累计达到5910万人，累计贡献4.62亿条问答内容，内容覆盖超过1000个垂直领域（郑磊和李瑶，2022）。2021年1月13日，知乎将品牌口号从"有问题，上知乎"更新为"有问题，就会有答案"。

2016年4月，知乎首先上线了付费问答功能"值乎"，5月推出了实时问答产品"知乎Live"。"知乎Live"是知乎推出的一款实时语音问答产品。讲者对某个主题分享知识、经验或见解，听众可以实时提问并获得解答，让用户可以便捷且高效地收获知识与交流。2016年9月，知乎上线了电子书产品"知乎书店"，包括免费的《知乎周刊》、付费的"一小时"系列图书等；2017年5月，知乎推出"知识市场"入口，9月，知乎"私家课"上线，与"知乎Live"相比，其时间更长，内容更丰富，但实时互动性较差，主讲人主要由知乎邀请；2018年4月，音频付费产品"知乎·读书会"上线，以名人领读为内容形态，邀请各行各业的专家领读他们所在领域的优质书目。此外，知乎还与其他机构联合推出在线培训课程，如与以太创服联合推出"BP（商业计划书）训练营"。2018年6月，打造体系化知识服务，知乎"知识市场"升级为"知乎大学"。将基于由"课（Live讲座、私家课）+书（书籍、读书会）+训练营（线上学习课程）"共同组成的产品体系，为大众消费者提供涵盖通识知识、专业知识和兴趣爱好等维度的综合知识服务（严建援等，2019）。2019年3月，知乎推出全新会员服务体系"盐选会员"，用户可以以198元/年的价格订阅知乎"盐选会员"，"盐选会员"是对2018年"知乎大学"推出的"读书会会员"和"超级会员"在全平台内容上和用户服务上的全新升级，核心将分为高价值"付费内容"权益、"社区功能"权益及会员用户的"身份"权益三大维度。2020年5月，知乎推出创新的内容商业化解决方案"知+"，2021年3月，知乎于纽约证券交易所首次公开发售，4月正式上市。2022年4月，知乎于香港交易所正式挂牌上市，成为首家以双重主要上市方式回归港股的中概股互联网公司。2022年9月，知乎推出"超级盐选会员"，会员享有广告特权、内容特权、电子商务特权、身份功能特权等多项权益，新的会员卡型与原有的"盐选会员"为用户提供更多元的会员体验。同年12月，知乎创立"知乎知学堂"，打造一站式在线职业教育平台，为用户职业发展赋能。2023年5月，知乎推出"盐言故事"App，为读者提供多品类的精品短篇和长篇故事，与知乎会员权益互通。同年11月，知乎宣布旗下的"知海图AI"大模型向社会公众开放服务，为知乎各项业务发展以及公众便捷获取信息持续赋能，推动知乎业务持续发展。截至2023年6月，平台内容创作者累计达6660万人，同时他们在超过1000个垂直领域累计发布了7.113亿条内容（拾枫，2023）。

4. 帆书

上海黄豆网络科技有限公司（以下简称帆书App，原樊登读书，2023年正式更名为"帆书"）成立于2013年，是深入推进全民阅读的先行者，助人轻松成长的新阅读开创者。帆书App从解决"没有时间读书、不知道读什么书、读书效率较低"的社会问题出发，以"持续传递好书价值"为愿景，以"帮助3亿书友因阅读受益"为使命，以"省时、专业、易懂、丰富"为核心，以"轻松、友善、有启发"为内容调性，坚持推广正能量、非娱乐的严肃类书籍，通过精选好书，采取深入浅出的方式，不断提升内容质量，讲好每一本书。

帆书引领了"听书"的新阅读模式，通过精选好书以及深入浅出的解读方式，为书友带来实用新知与智慧启发，包括"樊登讲书""非凡精读馆""李蕾讲经典"等系列，从解读到精读，再到解读人文经典，各领域专业人士深入浅出，提炼书中重点，让用户轻松领悟一本书的真谛。此外，帆书推出精品课程（如"家庭理财的35个锦囊""和清华博导学营销思维"等）、训练营（如30天"可复制的沟通力"训练营）等服务，通过不同内容、产品与服务的交互，实现用户系统化、模块化学习，实现学以致用。在线下帆书也提供书店，打造"精品沙龙+'大咖'讲书+生活美学课堂+文化娱乐空间"的书香生活体验，提供优质服务，以满足用户对高质量文化教育的需求；同时拓展出版、图书销售等业务，创立猴面包树工作室和光尘出版工作室，致力于图书的版权运营、出版策划和营销发行。

为激发大众的阅读兴趣，帆书App还创新推出一系列全新模式，包括"帆书·书卷里的中国"全国巡讲、"知识进化论"樊登主题演讲，以及"数字阅读空间""企业共读营""企业翻转课堂""樊登书店"。比如，2021年推出帆书企业版，至今已助力1400多家企业打造学习型组织，帮助70万员工养成阅读习惯。目前，其客户有中国太平洋保险（集团）股份有限公司、分众传媒、中国农业银行股份有限公司、华山中学等，这些公司与帆书合作的项目包括企业读书VIP（贵宾）、数字阅读空间、翻转课堂等；同时帆书成立"沐光公益"品牌，以线上与线下相结合的方式走入乡村，帮助乡村孩子激发阅读兴趣，培养阅读习惯。截至2023年第四季度，帆书App注册用户已突破6900万，在全球范围内设立了2000多家城市运营中心，共解读书籍1000多本、295门在线课程、15 000集节目、1000多本有声书，音视频累计播放超65亿人次，用户收听总时长超10亿小时[①]。

5. 其他平台

除了上述四个典型的知识付费头部平台企业以外，还有一些综合性

---

① 信息来源于帆书官网. https://www.fanshu.cn/.

平台后续逐渐涉足知识付费领域。其中包括今日头条、抖音、快手、百度百家号等。艾媒咨询指出，定位为"自媒体＋算法"的第二代知识付费平台打破行业传统，重塑知识付费的生态链。其中，百度平台凭借其强有力的分发渠道和领先的技术支持等优势，通过付费专栏和训练营等模式对行业进行了新一轮的整合。2019年3月，百度付费专栏旨在通过知识付费模式为百度信息流用户甄选推荐最有学习价值的精品知识内容，同时为在专业领域有深入见解，并致力于将知识整理输出、深耕原创的百家号作者提供平台，是实现作者在百度内容生态内变现的重要项目[①]。其优势在于定价自由，收益分成高，依托百度App用户基数大，等等。为了解决知识付费创作者公域流量转化为私域流量的诉求，并提升公域流量的利用效益，百家号付费专栏在2021年8月推出新型知识付费工具"训练营"，通过辅导百家号作者打造具备较高营销价值的低价体验营，在百度App主页推荐分发，购买用户进入特定"粉丝"群后，接受作者增值培训和深度服务（艾媒咨询，2022）。此外，百度的搜索优势能为付费内容带来新入口。例如，用户在搜索书法学习相关内容时，便有机会被推荐至百家号作者"求泉斋书法"的付费专栏《5天零基础入门书法训练营》等课程。

今日头条是一个通用信息平台，致力于连接人与信息，让优质丰富的信息得到高效、精准地分发，促使信息创造价值。艾媒咨询数据显示，2022年消费者使用的知识付费平台前三名中就包括今日头条（占比30.4%）。

从2015年起，今日头条平台陆续推出"千人万元计划""青云计划""行家计划"等扶持政策，与创作者共同解决流量、收入、创作体验等方面的问题。2021年今日头条生机大会上发布了"内容品鉴官计

---

① 百度百科.https://baike.baidu.com/item/%E7%99%BE%E5%BA%A6%E4%BB%98%E8%B4%B9%E4%B8%93%E6%A0%8F/24152551?anchor=1#1.

划""优质创作者扶持计划",希望由具有专业知识储备的用户甄别出优质内容。官方数据显示,与2021年相比,2022年平台周活跃创作者规模增长66%,周发文规模增长87%。2022年平台周新增创作者规模增长37%。数据显示,2022年,今日头条优质创作者总收入较上一年增长了7.5%。2023年,今日头条平台一年累计处理不实信息109万条,拦截涉嫌诈骗的内容167万条,识别不友善评论信息2.4亿条。

三、知识付费平台可持续发展

持续发展是知识付费平台面临的重要挑战之一。探索用户和知识供给者持续行为的影响因素以及平台的持续发展阻力与制约因素,将有利于知识付费平台的可持续发展(Xu et al.,2022)。本书分别从用户、知识生产者及平台三个方面归纳学者关于知识付费平台可持续发展制约因素的研究。

(一)用户持续付费的影响因素

最早,Bhattacherjee(2001)在预测重复购买意愿时构建了持续理论模型,认为用户满意度和感知有用性均能直接正向影响其持续付费意愿,同时二者又能共同对持续付费意愿产生正向的直接影响。虽然用户满意度及感知有用性是持续付费意愿的决定因素这一结论得到了学术界的普遍认同,但三者间的关系并不十分稳定(卢艳强和王铮,2022)。如在相关研究中,学者将用户满意度和感知有用性对持续付费意愿的影响大小做了比较区分,不同学者持不同观点:赵宇翔(2016)的研究中,用户满意度对持续使用意愿的影响大于感知有用性,而李武和赵星(2016)的研究结论恰好相反,在用户满意度及感知有用性对持续付费意愿的影响是否单一显著这一问题上,结论同样未达成一致(Hsiao et al.,2016；Kim，2011）。近来的研究中，学者发现用户持续付费意愿可能受更多因素影响，在感知有用性及用户满意度对持续意愿的作用路径中也存在诸多前因变量。如谭春辉等（2023）在用户持续付费意愿影响因素的研究中，以社会化问答社区用户为研究对象，运用模糊集定性比较分析（fsQCA）方法，认为在社会化问答社区用户持续付费意愿的组态影响路径中起关键性作用的因素包括知识内容质量、主观规范、社交满足感、自我效能感4个前因变量。魏武和谢兴政（2020）在探究线上知识付费用户持续付费意愿的影响因素时发现，知识内容的来源可信度是产生持续付费意愿的核心条件，但对于线上付费用户的需求满足并没有起到正向影响作用；而构建认同感、引发人际互动和社会接触是用户持续付费意愿的动因。

（二）知识生产者持续供给行为的影响因素

持续行为是指保持稳定不断进行某种活动的行动，对于知识生产者而言，就是要持续不断地创造、更新、分享自己知识的行为。知识生产者的持续行为对自身、平台及社会发展都有着重要的意义。首先，对知识生产者本身而言，持续行为是知识生产者不断学习积累、实践探索、更新知识的助推力，是知识生产者保持自我竞争力、防止被时代淘汰的有效途径。其次，对平台而言，知识生产者的持续行为不仅能够提高知识生产者个人的专业声誉和个人价值，使其获得更多认可和尊重，而且知识生产者的持续行为将为知识付费平台提供持续不断的售卖"原料"，给予用户更加丰富的选择，是知识付费平台持续发展的"源头活水"。最后，对社会而言，知识生产者的持续行为在为知识付费平台创造利润的同时，自身也获得了持续不断的收益，不仅有利于推动知识经济的发展，也有利于减少社会就业压力，因而对于知识生产者持续供给行为影响因素的探究十分必要。

综合已有文献，影响知识生产者持续供给行为的因素可以归纳为以下三个方面：第一，感知价值。与上文中提到的影响用户持续付费意愿的感知价值相同，影响知识生产者持续供给行为的感知价值同样可以分为感知收益及感知成本，但各部分的具体构成内容不尽相同。崔智斌和涂艳（2020）认为，影响知识生产者持续供给行为的感知收益由物质报酬收益与心理报酬收益共同构成，知识生产者的持续供给行为受感知收益的影响。知识生产者通常对其作品有初始心理预期，当获得的物质报酬激励高于其心理预期阈值时，就会对知识生产者的持续贡献行为产生积极影响；而带给知识生产者的心理报酬收益（如社区影响力以及个人形象声誉的提升等）同样能触发持续贡献行为。感知成本主要是指编纂成本，用以描述知识生产者在组织和传达知识的过程中耗费的时间与精力（Zhao et al.，2020），由于高编纂成本意味着高精力投入，因此往往不利于知识生产者的持续知识生产行为。第二，创作动机。创作动机通常来源于两个方面：一是内在心理动机，包括利他主义、自我效能和观念认同。人通常倾向于做出利于他人及社会的行为（Wasko & Faraj，2000），知识生产者通过提供知识帮助他人解决问题，其行为体现了利他主义（甘春梅和黄悦，2017）。二是外在声誉动机，包括社会资本和群体认可。社会资本被看作是一种"软资本"。实证结果显示，社会资本能够对付费知识持续贡献行为产生显著的正向影响（崔智斌和涂艳，2020）。群体认可是衡量知识贡献者被接纳、认可程度的重要因素，用户向具有高群体认可度的知识贡献者付费的意愿更明显，反过来，用户显著的付费意愿也会刺激知识贡献者持续不断地输出和创作内容。

（三）知识付费平台持续发展的影响因素

随着经济的发展和人们消费水平的不断提高，知识付费产品已经成为越来越多学习者获取知识和实现成长的有效途径，然而在线知识付费

"井喷式"发展的背后隐藏着许多阻力与制约因素,知识质量下降、口碑受损、缺乏内容评估系统、版权保护不力等问题,严重阻碍了知识付费平台的持续健康发展。例如,问答社区中用户提出的问题的质量和获得的答案似乎效果减弱了(Zhang, Zhang & Zhang, 2019)。艾媒咨询数据也显示,2020年仅26.6%的用户对中国知识付费行业的发展前景持非常乐观的态度,有49.5%的用户认为平台专业度不高、实用性不强(艾媒咨询,2020)。特别是近两年来,用户为知识付费的热情逐渐减弱,相反,他们开始理性地审视知识消费。数量激增的知识付费平台为用户提供了更多的选择,但用户只愿意为高质量、实用性强的知识付费(Pang et al., 2020)。因此,需要深入挖掘并识别这些因素,以期突破制约知识付费平台发展的现实"瓶颈",推动知识付费平台加快构建新发展格局,打造专属核心竞争力,向高质量发展迈进。

知识付费平台的用户在学习过程中会有不同的需求和期望,通过对用户需求的研究可以了解用户的使用习惯,准确定位用户的学习和付费意愿,为用户提供质量更高、体验更好的知识付费产品,可以提高用户使用的满意度和忠诚度(Wang & Jiang, 2020),进而促进平台持续经营和高质量发展。本书运用内容分析法,在对知识付费文献等文本性数据进行分类的基础上挖掘其本质,并将其编码,分为核心编码、关联编码和开放编码,最后得到影响知识付费平台发展的阻力和制约因素,具体如表2-2所示。

表2-2 影响知识付费平台发展的阻力和制约因素

核心编码	关联编码	开放编码
内容	知识内容生产制约(内容本身)	内容同质化严重
		知识内容把关人严重缺位(内容提供者门槛较低,过度追赶热点潮流,内容筛查不严)
		内容生产头部化(头部主导,无法满足需求)
		内容深度、专业性、权威性不够

续表

核心编码	关联编码	开放编码
内容	知识持续产出机制欠缺	用户精细化需求挖掘不够
		知识精准适配的机制存在不足
		内容创新不够
服务	知识付费产品的供需双方信息不对称	信息不对称加重用户焦虑
		先付费、后体验模式导致被动接受
	重知识售卖、轻知识服务的思维	知识付费平台营造的社群氛围不足
		鼓励用户持续参与的机制不完善
		对用户的陪伴关注及激励用户学习投入的机制不全面
知识产权保护	侵权	非授权转载
		大规模、高频次
		随意侵权、侵权行为屡禁不止
		维权方需要耗费大量精力

注：根据相关文献整理得到；表中所列因素为主要制约因素，其他因素诸如平台方人员调整（负责人辞职、频繁更换）、平台主导的知识付费产品，其他参与者难以参与进去、收割"粉丝"等平台因素未在表中体现。

四、知识付费平台可持续发展的相关理论

（一）期望确认理论

期望确认理论（ECT）被广泛应用于消费者行为文献中，用来研究消费者满意度、购后行为等。根据定义，该理论是将消费者在购买某一产品或服务之前的预期与购买后的感知表现进行比较，以确认消费者是

否对该产品或服务感到满意,由此得出的消费者满意度可以为回购意向提供参考。Oliver(1980)指出,消费者在期望确认理论框架中达成回购意向的过程如下:第一,消费者在购买之前对特定产品或服务形成初始期望。第二,他们接受并使用该产品或服务。在初次消费一段时间后,他们会对其表现形成认知。第三,他们会根据自己最初的预期评估其感知的产品表现,并确定自己的预期得到确认的程度(确认或不一致)。第四,他们会基于自己的确认水平以及确认所依据的预期来形成满足感或影响。第五,满意度高的消费者形成了回购意向,而不满意的消费者会停止后续的产品使用。期望确认理论当前还存在一些争论,比如认为期望确认理论忽略了消费者在消费体验之后的预期变化,这些变化对后续认知过程的影响、期望在不同的研究中概念化不同,等等。Bhattacherjee(2001)将期望确认理论应用到信息系统领域,构建了全新的信息系统持续使用模型(ECM-ISC)。在他的研究中,感知有用性被引入模型中,它可以直接影响用户满意度和持续使用意图。根据信息系统ECM,期望确认是将用户使用信息系统前的期望与使用后的认知进行比较。感知有用性是指用户使用信息系统后对信息系统实际性能的感知。期望确认度可以影响感知有用性和用户满意度,进而影响持续使用意图。期望确认度越高,用户感知系统越有用,用户对系统越满意,用户持续使用意图就越强。Bhattacherjee认为,接受行为和持续行为之间存在实质性差异。自期望确认理论提出以来,该理论被广泛应用于信息技术/系统、移动应用、在线学习平台用户持续使用行为研究中(Lin, 2012; Hsu & Lin, 2015; Lee, 2010; Chow & Shi, 2014)。在知识付费领域,赵保国和姚瑶(2017)在期望确认理论、感知成本理论和持续使用相关理论的基础上,构建了知识付费App用户持续使用意愿影响因素模型。陈昊等(2019)整合期望确认理论和感知价值理论探讨了知识试用服务对于消费者付费意愿的影响作用。李武等(2022)借鉴期望确认理论和相关的知识习得理论，探索知识付费是否以及如何缓解用户知识焦虑。结果发现，期望确认程度是理解知识付费能否缓解知识焦虑的逻辑起点，知识焦虑缓解须在期望确认的基础上结合个人持续努力。在信息资源管理的视角下，知识付费平台是一个融合用户信息搜索、订单创建、内容学习和售后服务等诸多环节的信息系统（周涛等，2019），因此运用期望确认理论有助于解释用户的持续付费行为及其对知识付费平台持续发展的影响。期望确认理论（ECT）和信息系统持续使用模型（ECM-ISC）分别如图2-2和图2-3所示。

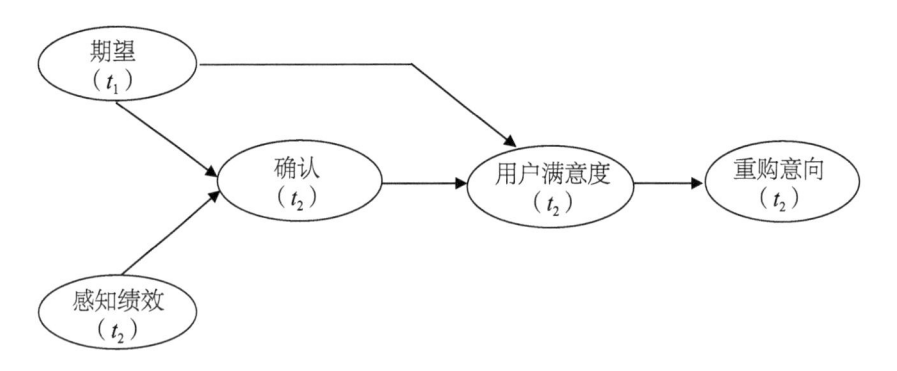

图2-2 期望确认理论（ECT）

注：t_1=消费前变量；t_2=消费后变量。

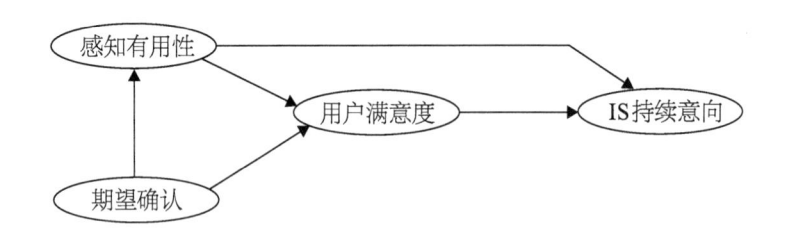

图2-3 信息系统持续使用模型（ECM-ISC）

（二）信息系统成功模型

在信息系统（IS）成功的领域中，最具影响意义的当属DeLone 和

McLean在1992年提出的信息系统成功模型，DeLone和McLean（1992）共引用了180篇文章，确定了信息系统成功的6个主要维度或类别，即系统质量、信息质量、系统使用、用户满意度、个人影响和组织影响，这6个维度相互作用，具体关系如图2-4所示。DeLone和McLean（2003）讨论了过去十年中许多重要的信息系统成功的研究贡献，特别关注应用、验证、挑战以及提出改进原始模型的研究工作，基于对这些贡献的评估，他们对模型提出了一些改进，加入了服务质量和使用意愿，将个人影响和组织影响改为"净收益"，更新的DeLone和McLean（D&M）信息系统成功模型如图2-5所示。基于更新的D&M信息系统成功模型和营销文献，Wang（2008）重新确定并验证了一个评估电子商务系统成功的多维模型，如图2-6所示。经验证的模型由6个维度组成，即信息质量、系统质量、服务质量、感知价值、用户满意度和再次使用意图。Wang的研究区分了用户初次使用和持续使用的区别，对平台企业提高用户满意度和忠诚度、促进平台持续发展具有一定的指导意义。文献调查表明，信息系统成功模型已被广泛应用于电子商务、移动社交媒体、短视频等领域，用来测量这些信息系统或平台的质量。从本质上来讲，知识付费平台可以视为一种新兴的在线信息系统，因此可借鉴信息系统成功模型分析影响知识付费平台用户满意度和用户持续付费意愿的因素（金小璞等，2021）。

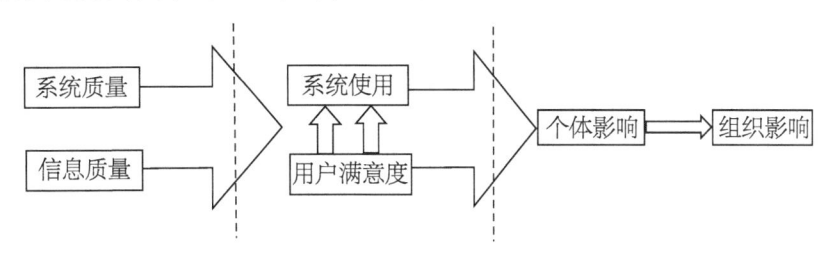

图2-4 D&M信息系统成功模型

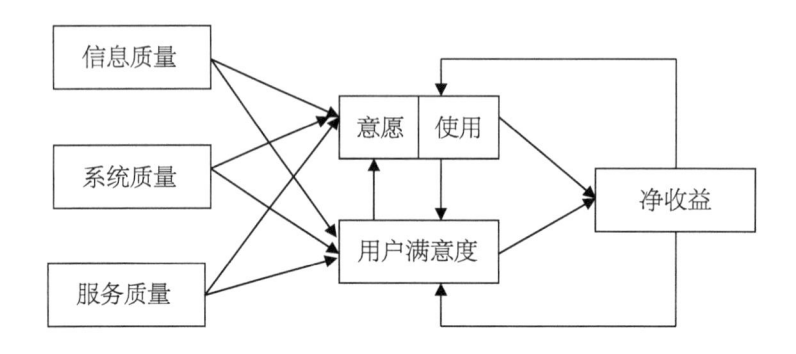

图2-5 更新的D&M信息系统成功模型

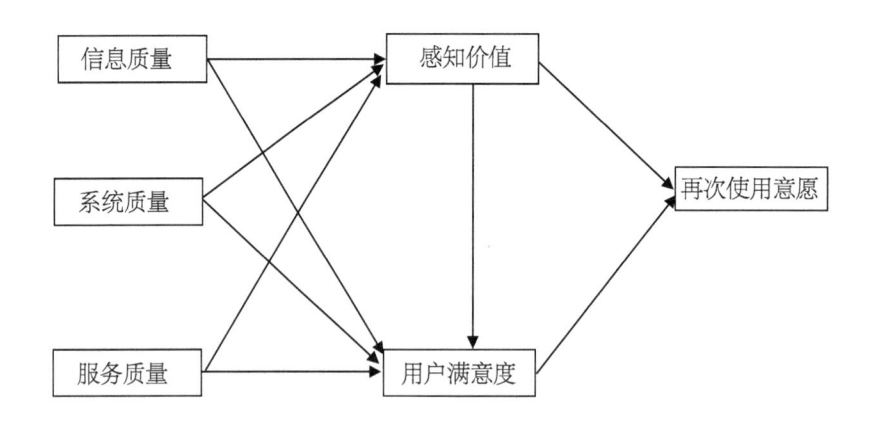

图2-6 Wang的电子商务系统成功模型

（三）感知价值理论

感知价值是消费者基于成本效益权衡而感知的产品或服务的整体效用价值（Zeithaml，1988），被认为是解释消费者行为的一个关键因素（Lin et al.，2021；Liu et al.，2021），是消费者对产品或服务效用的总体评估，是消费者基于所收到和所给予形成的感知（Hsiao & Chen，2016）。具体来说，感知价值是交易中利益（如信息质量、省钱、便利和享受）和牺牲（如费用、隐私风险和努力）之间的权衡（Shaw & Sergueeva，2019）。对于特定的产品或服务，当消费者相信其收益大于付出时，感知价值就会增加。获得价值是消费者的基本付费目标，在交易成功中起着关键性作用（Cai & Xu，2006）。如果消费者认为他们从产品或服务中获得的收益超过了他们支付的价格，他们可能会重复这一交易（Liu & Jang，2009）。最初，Sheth等（1991）在其研究中包括了感知价值的五个广泛方面（社会价值、情感价值、条件价值、认知价值和功能价值），在之后的几年里，功能价值通过两个类别——货币价值和便利价值得到了改善，这使得它更适合于在线服务。许多研究发现，这些方面是最适合且相关的，因为他们将价值视为体验，并衡量了持续使用在线服务所产生的认知价值（Gummerus，2013；Ali，2008）。技术或服务的成功、采用和持续采用是基于消费者从服务中感知或期望的特定价值，这些价值可能与技术或服务的功能、产品或技术方面有关（Singh et al.，2021）。在知识付费的背景下，当消费者感知到知识产品的价值较高时，他们更有可能为知识付费，从而促进知识付费平台的持续发展。当消费者获得高价值的产品或服务时会有一种满足感，并有更强的持续付费意愿（Lalicic & Weismayer，2021）。

（四）知识共享相关理论

知识共享（knowledge sharing）是指"协助他人发展各自行动能力的一切行为活动"，表现为拥有知识的人真正愿意帮助他人去发展某种新的能力、解决某些实际问题，或者协助执行某些政策或程序。在知识付费领域，社会化问答社区用户回答问题的行为属于知识共享或知识贡献行为。影响用户知识共享或贡献的理论包括动机理论、社会资本理论和社会交换理论等（任丽丽，2012）。

社会资本理论认为，对社会资本的投资会带来市场回报（Bourdieu，1986；Chang & Chuang，2011；Ma et al.，2018）。社会资本是嵌入个人、组织、社区或社会的社会网络中的资源总和（Nahapiet & Ghoshal，

1998；Tsai & Ghoshal，1998），可以给个人或社会单位带来利益。社会资本包括三个维度，即结构资本、认知资本和关系资本。结构资本是指社会网络中个体之间社会联系的总体结构，其中用户之间的社会互动关系最为关键（Chang & Chuang，2011）。关系资本研究的是个体之间联系的情感本质（Nahapiet & Ghoshal，1998），通常表现为信任。认知资本是指用户对集体任务和目标的共同理解，以及在用户交互过程中理解和应用知识的能力（Yan et al.，2019）。研究表明，在网络社区中，社会资本是社区用户之间分享知识的重要激励因素（Guan et al.，2018；Yan et al.，2019；Zhao et al.，2012）。网络用户之间频繁的社交互动促进了社会网络的形成，社会资本嵌入其中（Zhou，2020），在知识共享中发挥着重要作用。

影响知识分享的因素包括分享的动机（利他与利我、内在与外在、自主与受控等）（任丽丽，2012）、社会因素（如信任、互惠、社会资本等）（Chang & Chuang，2011；潘梦雅等，2020；Nahapiet & Ghoshal，1998）、环境因素（如社区共享文化、氛围等）（Cai et al.，2022；Cai & Shi，2022）。知识付费平台的持续发展受到知识提供者持续贡献行为的影响（刘友芝，2018）。Cheung等（2013）认识到用户持续参与对在线实践社区可持续发展的重要性，认为持续参与是用户基于先前经验而重复该行为的活动。社会化问答社区，如知乎，是用户进行知识交流、知识共享的生态系统，社区用户的持续性知识贡献是一个复杂的行为过程，知识贡献数量和知识贡献质量对于在线实践社区的可持续发展均具有关键性作用（王莉雅和王树祥，2022）。

（五）可持续发展理论

在企业创新、社会责任等领域多见可持续发展的相关研究，衡量企业可持续发展的指标包括财务指标、社会责任绩效等。关于企业可持续发展的研究大致可以分成两类：一种是仅考虑企业自身的发展，通过对资源的掌握、市场占有率及竞争力等指标来衡量企业的可持续发展；另一种则考虑生态环境、社会环境因素，强调企业在保证自身利润持续增长以及竞争力、适应能力持续增强的同时，兼顾社会效益和生态效益的满足（刘献泽，2022）。刘献泽（2022）指出，企业可持续发展是企业既追求短期利润又能确保长期的持续经营，不断提升自身的核心竞争力，并且能够满足各利益相关者的需要。韩子超和张友棠（2022）指出，可持续发展是指在不断变化的经济环境以及竞争激烈的市场条件下，有效协调各方资源，通过创新不断提高技术水平，形成企业独有的竞争优势，在实现长期盈利能力以及保持竞争地位的同时满足各利益相关者的需求。可从经济运营能力、人力资本能力和科研创新能力三个方面综合评价企业的可持续发展能力水平。

在知识付费领域，在整个知识付费的发展过程中，对于内容需求方来说，大部分用户习惯于免费的互联网商业模式，尚未形成稳定的知识付费习惯；对于内容提供者来说，高质量的内容需要投入大量时间、精力甚至是金钱。一些内容生产者面临收不抵支的困境，这导致知识产品内容贡献者的流失；就平台而言，互联网人口红利已经消失。依靠大规模用户实现盈利的传统商业模式遇到发展"瓶颈"，使得知识付费产业的前景更加严峻。因此，研究用户知识付费意愿的影响因素具有重要意义。研究成果将有助于留住知识提供者，激活知识消费者，使知识产品盈利，最终促进知识付费产业的可持续发展（Hu et al., 2019）。对于社会化问答平台而言，用户交互是其信息或知识交流的基础，稳定的用户交互是社会化问答社区正常运行和可持续发展的保证（Chen et al., 2021）。进一步激发社区"潜水者"的活动，减少他们的知识隐藏行为，已成为社会化问答社区可持续发展的关键（Li et al., 2022）。从资源观视角出发，社会技术系统可持续发展的一种方式是通过这种平衡的资源交换（Butler，2001；Welser et al.，2007）。从资源交换的视角来看，一个社会系统的可持续性取决于其成员规模及其成员交流活动。比如在Q&A（问答）平台上，提问者的问题和答主的回答都是资源，这种资源交换的持续性一定程度上反映了平台的可持续性。一个可持续的社交平台是在不需要外部资源（如付费贡献）的情况下，随着时间的推移大致维持（甚至增加）其用户贡献率的平台。Liang和Introne（2019）将不同类型的交流沟通活动视为用户之间的资源交换，并从中获益，对问答社区如何可持续发展做出了解释。

知识付费平台的可持续发展是一项系统工程，涉及方方面面，比如，Gao和Liu（2023）就从感知价值视角出发，运用感知价值理论和期望确认理论，以YouTube（一个视频网站）用户为例，深入考察了用户在线学习的可持续发展策略。结果表明，平台应关注用户的感知价值，提升用户在学习过程中的满意度，增强用户持续在线学习的意愿，从而提高用户体验和留存率，构筑平台竞争力。平台的可持续生存和发展离不开用户，包括平台对新用户的招募、对老用户满意度和继续使用行为的改善、对平台质量的提升。从三元交互决定论的角度来看，持续使用行为的发生是人、环境、行为三者相互作用的结果。环境因素和人为因素共同促进行为的发生，行为的重复发生也会使用户形成使用平台的习惯，影响用户满意度，促进平台的持续完善，加深主观规范的影响，等等，从而促进持续使用意图或行为的发生。通过协调人、环境、行为三者之间的关系，用户对知识付费平台的持续使用可以实现可持续、循环发展，形成良好的知识付费平台可持续使用生态，因此应注意人、环境和行为的相互作用。只有充分考虑和改善这三个方面的影响因素，才能创造出一个可持续的知识付费平台生态系统（Huo & Li，2022）。

第三章

价值共创视角下的知识付费平台持续发展机理研究

第三章　价值共创视角下的知识付费平台持续发展机理研究

知识付费平台持续发展是指知识付费平台能够依据互联网经济模式，通过不断提供高质量知识服务或内容获得盈利和发展以实现基业长青。知识付费平台的持续发展具备持续性和成长性两方面特点，表现为量上的突破与质上的飞跃，不断提升自身素质、增强价值共创能力是平台实现持续发展的必由之路。

知识付费平台持续发展是一项系统性工程，需要依靠多方合力。综合目前的研究成果来看，实现知识付费平台持续发展的路径主要集中在三个方面：一是从用户层面入手，通过增强用户持续付费意愿，推动知识付费平台的持续发展（饶琪瑶等，2021；李睿智等，2021；薛云建等，2021）；二是从知识贡献者层面入手，通过激励知识提供者的持续贡献行为为平台持续发展提供不竭动力（涂艳等，2021；崔智斌和涂艳，2020）；三是从平台层面入手，通过优化内容供给、制定激励机制（刘德文等，2022；Zhou & Chen，2022）、重视知识产权保护以及积极转型创新，清除知识付费平台持续发展的阻力因素，寻求长足发展之道。当前知识付费平台的持续发展仍道阻且长，持续发展路径有待进一步探索。

知识经济时代，知识付费平台持续发展依赖于平台生态系统中各参与主体（包括平台企业、知识提供者和用户）的价值共创能力和行为。自2016年"知识付费元年"以来，知识付费行业规模逐渐扩大，但由于知识产品的独特性以及付费用户消费方式的特殊性，与用户预期不符、用户知识付费体验差、知识转化效果不理想等问题大量出现。伴随着抖音、快手等第二代知识付费平台的入场，"自媒体+算法"平台模式重构了知识付费生态链（艾媒咨询，2022），在知识付费2.0时代，用户的深层次需求已发生改变，从"你给我什么"转变为"你在我身边"。因此，驱动平台生态系统持续发展的价值创造和用户效用提升战略成为目前学术界关注的焦点。已有研究中针对知识付费领域的价值共创的研究较少（金鑫，2021；杜艳艳和姜琳，2023），但知识付费平台的持续发展离不开平台各参与者的价值共创行为。价值需要"多个参与者的贡献，并涉及商业网络中的复杂互动"（Chowdhury et al.，2016），价值共创则是通过平台各参与主体之间的互利互动及资源整合活动（Kohtamäki & Rajala，2016），共同制定和发展一个价值主张（感知价值和使用价值），明确期望（Aarikka-Stenroos & Jaakkola，2012；Woodruff & Flint，2006），跨越各参与主体边界创造价值、获取价值并分配价值，实现平台持续发展。因此，从这个意义上来讲，价值共创对平台的持续发展至关重要。

一、知识付费平台价值共创的理论基础

（一）价值与价值创造

什么是价值？这可能是关注价值创造的人关注的首要问题。《资本论》中指出，价值是凝聚在商品中的无差别的一般人类劳动或抽象劳动，是内在的，是交换价值的内容，交换价值是价值的表现形式，是价值的外在相对表现（邱海平，2016）。价值分为使用价值和交换价值（Bowman & Ambrosini，2000）。使用价值体现为物品能够满足人们某种需要的有用性。价值有哲学上的价值，也有经济上的价值。现代社会生活中所说的价值，一般是指经济学意义上的价值，称为"经济价值"。在现实经济生活中，经济价值可以表现为解构的经济价值、消费品经济价值和市场经济价值等不同的形态（彭毫和罗珉，2020）。在企

业经营中，价值这个概念不断发展。波特将价值定义为"买家愿意为公司提供的东西支付的金额。价值是以总收入来衡量的。"如果一家公司所要求的价值超过了创造产品所需的成本，那么它就是盈利的（Porter，1985）。价值可以通过价值链每一步的差异化来创造，通过降低买家成本或提高买家绩效的产品和服务活动来实现。Porter 和 Millar（1985）认为信息技术通过支持差异化战略创造价值。

对于消费者而言，价值有不同的存在和表现形式，也有多种来源。消费者在创造价值的同时，也对该价值产生了独特的感知。Zeithaml（1988）确定了价值的四种不同的含义：①价值是低价；②价值是一个人想要的产品；③价值是消费者因支付的价格而获得的质量；④价值是顾客因给予而获得的。Flint 等（1997）认为，价值形式可以分为价值观、期望价值和价值判断。其中，价值判断是客户对所发生的事情（利益和牺牲）的评估。这意味着相对于牺牲（通常是价格或时间），价值是一个解释客户对所消费的产品或服务的感知的过程。Patterson 和 Spreng（1997）指出，营销文献中的客户价值通常是从消费者角度来定义的。为消费者提供卓越的价值对企业的成功至关重要（Spiteri & Dion，2004）。卓越客户价值的来源可以从组织资源和能力中确定，如人力资源管理、创新、知识管理、组织文化和结构（Mittal & Sheth，2001；Walter & Jones，2001；Weinstein & Pohlman，1998）等。消费者价值有不同的结构，有满足消费者特定需要的功能价值，有产品为消费者带来愉悦、乐趣和享受的情感价值，有通过参与提升消费者在他人心目中的形象，使其更受欢迎和得到社会认同的社会价值，有通过参与收获高质量的服务以及塑造良好的学习习惯等的参与价值。在移动互联网时代，消费者更加关注使用价值和体验价值。

需要注意的是，在知识付费平台情境下，出现了新的关键词，比如"价值创造""价值获取""价值互动""价值协同""价值共创"等，特别是在知识付费平台商业模式中，价值互动加入了来自需求端的用户视角后，给价值配置分析的理论视角带来了巨大的变化。从价值配置分析的理论视角出发，用户关注的是通过产品或服务的实际体验所获得的感知使用价值发生了变化。实际中，企业和用户在双方的互动中共同创造了一种体验。在这种情况下，产品和服务成为体验的载体，此时的价值指的是体验价值，而非用户关注的产品或服务的实际功能、质量等内涵。事实上，在价值创造过程中，消费者积极参与并与企业进行对话，共同构建差异化的产品和服务体验，从而适应消费者的个人背景（Guo，2021）。在知识付费平台中，价值配置分析的理论视角是需求导向视角，"资源之所以能获取经济价值是由于顾客的使用"（Kor et al.，2007；Priem，2007）。在知识付费平台生态系统中，随着需求端异质性的可量化，厂商的资源价值取决于它们对增加用户效用的贡献。

价值创造（value creation）是随着近代产业革命的兴起而出现的，它是管理学和组织理论文献中微观个体、群体层次和宏观组织理论、战略管理层次研究的核心概念（彭毫和罗珉，2020）。Osterwalder等（2005）在反思组织价值逻辑时提出了一个商业模式框架，包括9个一阶要素和4个二阶价值维度，其中4个二阶价值维度包括价值主张、价值创造、价值交付和价值捕获。价值主张是商业模式基本的、最重要的组成部分，决定了企业应该朝着什么方向发展（Dijkman et al.，2015；Teece，2010）。价值创造是指企业如何将其有形资源和无形资源转化为有价值的东西。价值交付是指企业如何向客户交付产品。价值捕获反映了企业从业务中获得的整体价值或利益，包括客户在内的生态系统合作生产和交付。因此，有学者将价值交付和价值创造统称为"价值共创"（Zhang et al.，2023）。波特（1985）的价值链框架分析了企业层面的价值创造。价值链分析确定了企业的活动，然后研究这些活动的经济影响，共包括四个步骤：①确定战略业务单元；②确定关键活动；③定义产品；④确定活动的价值。

需要强调的是，客户，特别是主要客户在价值创造中发挥关键作用（Amit & Zott，2001）。他们可能会与企业合作，更好地评估其需求，在将产品发布给更大的客户群之前充当测试版网站（von Hippel，1986）。事实上，通过实时电子化提供信息，客户甚至可以"共同创造价值"（Prahalad & Ramaswamy，2000），因为供应商可以更好地根据客户需求定制产品。

（二）价值共创

"共创"是一个起源于营销的理论概念，被定义为客户与供应商或服务提供商一起为创造价值做出贡献的过程（Vargo & Lusch，2004，2008）。在研究价值共创过程时，有许多方面需要着重考虑，比如所涉及的行动者，他们的做法，他们相互接触的舞台，共创活动的功能，以及塑造公共价值主张和结果的问题与挑战（Bryson et al.，2017）。最近的研究揭示了营销哲学的转变，强调激励消费者参与价值创造（Nadeem et al.，2021；Prahalad & Ramaswamy，2004a）。企业正在向价值推动者过渡，而受利他主义和其他内在因素驱动的客户正在扮演价值共同创造者的角色（Payne et al.，2008）。因此，术语"价值共创（Value Co-creation，VCC）"描述了供应商和消费者为价值生产做出贡献的过程（Vargo & Lusch，2008）。

Vargo 和 Lusch（2008）认为，价值是与顾客共同创造的，顾客不再是被动的价值接受者；然而，价值共同创造远远超出了生产者与消费者二元相互关系的范畴（Payne et al.，2008）。价值的创造是不同参与者（如客户、技术、员工、流程和公司）之间多重互动的结果（Lusch & Vargo，2014）。尽管学者努力厘清价值共同创造的概念，但在价值共创的概念化和操作化方面仍缺乏共识（Dong & Sivakumar，

2017）。在这种情况下，价值共同创造代表了公司及其利益相关者（行动者）在创新、设计和开发产品以及识别新的商业机会方面的合作（Ramaswamy & Gouillart，2010）。价值共同创造过程中的每个参与者（行动者）在价值创造中都有重大贡献（Vargo & Lusch，2017）。尽管做出了这些努力，但"共同创造"一词的界定仍然多元化（Oertzen et al.，2018）。越来越多的相关研究认为，价值是公司不同利益相关者之间互动时共同创造的结果（Brodie et al.，2019；Storbacka et al.，2016）。对此，Pera等（2016）研究发现，多利益相关者价值共同创造的推动因素是信任、开放和包容。没有一个参与者（利益相关者）拥有共同创造价值所需的所有资源，他们需要参与资源整合过程和实践，并为之做出贡献，将自有资源整合为价值创造过程的一部分。因此，所有利益相关者都是资源整合者，在公司的生态系统中提供服务以及共同创造价值（Vargo & Lusch，2017）。

共创是公司和消费者之间促进价值创造的集体活动（Prahalad & Ramaswamy，2004a）。消费者凭借其技能和知识在服务过程中积极参与，价值共创的结果体现为能被接收者定义且体验的价值（Vargo & Lusch，2008）。公司应该战略性地创造消费者价值（Zeithaml et al.，2020）。为了满足这一战略要求，研究人员和从业者越来越多地转向价值共创（Kamboj et al.，2018；Ravazzani & Hazée，2022）。

数字化时代，数字技术蓬勃发展，创造了新的交流方式，包括信息、服务和资产（Kloppenburg & Boekelo，2019），使得用户与平台、用户与用户、用户与知识提供者之间的连接和互动更为便利，并可获得平台或其他知识提供者提供的产品、服务、知识或资源（Breidbach & Brodie，2017）。平台将价值创造活动从地方转移到空间（place to space），并支持不同行为者之间的信息和内容共享，以创新性地整合资源。平台经济也改变了以前的生产者与消费者关系，从简单的合作转变为（潜在的）合作竞争。在知识付费平台背景下，用户的投入在生产过程中可能至关重要（Rayna & Striukova，2021），因为它可以为用户提供创建、复制、分发和商业化资源的能力和机会。这就要求企业对用户需求的新兴趋势更加敏感，甚至邀请用户参与价值创造过程，而不是将消费者视为被动的价值接受者。这就引出一个关键词——prosumers，即生产消费者，就是为自己或他人的使用而参与生产工作并对生产过程做出贡献的个人。平台用户既是生产者又是消费者，他们可能在互动和实践中转换角色（Weiß et al.，2018）。数字技术和知识付费平台的发展显著改变了传统的消费者与生产者关系，这种关系的变化更多依赖于价值共同创造成本的降低，因为技术赋予了生产消费者创造、合作、生产，并对他们的知识或新颖想法的商业化做出重大贡献的可能（Lan et al.，2017）。比如，知识付费平台并不直接拥有或提供物理基础设施或资产，而是通过数字服务支持分布式资源的连接和交换，促进用户之间的交易生成，同时降低随之产生的成本。

（三）价值共创理论

价值共创理论摒弃了"企业为客户创造价值"的传统观点，主张客户和企业积极创造和再创造价值。价值共创理论的发展有两个重要观点，包括Prahalad和Ramaswamy的基于消费者体验的价值创造理论、Vargo和Lusch的服务型逻辑的价值创造理论。

1. 顾客/消费者主导逻辑

"共同创造"（co-creation）一词最初是由Ajit Kambil博士和他的合著者在1996年和1999年的两篇文章中制定的一种策略（Kambil et al.，1996；Kambil et al.，1999）；而Prahalad和Ramaswamy（2000）的《哈佛商业评论》中的《共选用户竞争力（Co-opting customer competence）》一文，使"共同创造"与"价值共创"作为学术名词广为流传。Prahalad

和Ramaswamy（2004b）进一步阐述了自己的观点，表明用户不再满足于对公司提供的产品做出"是"或"否"的决定。它将不同的各方（如一家公司和一组用户）聚集在一起，共同产生一个相互重视的结果（Prahalad & Ramaswamy，2004a）。在价值共创理论框架下，顾客不再是产品或服务的被动接受者，而是能够影响企业行为的主动参与者。允许顾客共同构建适合自己情境的服务体验，共同定义问题和解决问题。企业需要创造一种令消费者积极对话、共建的个性化的体验环境，通过深入了解顾客需求与期望，与之互动、协作并形成反馈，在产品或服务的设计、生产、营销等过程中实现价值共创，提供更具创新性、个性化、满足顾客需求的产品或服务。这种价值共创过程不仅可以提高顾客满意度和忠诚度，还是企业实现基业长青的有力保障（Prahalad & Ramaswamy，2004a）。顾客主导逻辑的价值共创理论特别强调个性化、创新性的共创体验环境构建的重要性。共创体验是价值的基础。这种体验环境是为顾客提供机会，使其能够在特定的空间和时间背景下按需共建自己的体验。这种体验适应不同的顾客群体，但不是每个顾客都想创造价值，也有的只是想要消费（Prahalad & Ramaswamy，2004b）。Prahalad和Ramaswamy两位学者有关价值共创的基本观点可概括为两点：一是共同创造消费体验是消费者与企业共创价值的核心，二是价值网络成员间的互动是价值共创的基本实现方式（武文珍和陈启杰，2012）。

互动是价值创造的核心。Prahalad和Ramaswamy（2004b）建议，为了应用价值共创理论，应提前认识价值互动（value interaction）的以下四个组成部分，也就是价值共创的基石，具体如表3-1所示。

表3-1 价值互动的四个组成部分（DART）

术语	定义	管理含义
对话（Dialogue）	与用户互动	双向连接而不是单向销售策略，鼓励知识共享，鼓励企业与消费者之间达成全新的理解，允许消费者将价值观融入价值创造过程中
访问（Access）	允许用户访问数据	与用户共同创造价值，超越传统价值链流程
风险效益（Risk-benefits）	监控公司和用户间的风险差距	通过沟通与顾客共同分担产品开发的风险（在Ramaswamy的后续工作中〈Ramaswamy & Ozcan，2014〉，这被"自反性〈reflexivity〉"所取代）
透明性（Transparency）	企业间的信息是可访问的	为了获得顾客的信任，应在一定程度上消除信息障碍

资料来源：Prahalad & Ramaswamy（2004a、2004b）。

价值必须由企业和消费者共同创造，共创体验是价值的基础。互动是消费者和企业共同创造价值以及提取经济价值的场所。高质量的互动使个人客户能够与公司共同创造独特的体验，这是打开竞争优势新来源的关键。这种共创体验要能为消费者提供各种级别和形式的访问、与公司和其他客户对话的机制以及管理风险的方法。为了赢得顾客的信任，企业的信息基础架构需要有很高的透明性。管理者需要具备基于事件的快速反应和持续性能力以及灵活配置资源的能力。共创将市场转变为顾客、企业、顾客社群和企业网络之间进行对话的场所，因此市场成为一个潜在的共创体验的空间。在这个空间中，个人的约束和选择决定了他们为体验付费的意愿。简言之，这个市场就像一个共创体验的论坛（Prahalad & Ramaswamy，2004b）。共创体验高度依赖个体。每个人的独特性又影响着共创的过程以及共创的经历。没有个体的参与，公司就不能创造任何有价值的东西，共同创造取代了交易过程。

顾客/消费者主导逻辑价值共创理论一方面强调企业和顾客/消费者共同创造价值，而非单方面创造；另一方面强调通过互动来提升利益相关者（stakeholder）的体验价值。这种体验价值具有独特性、主观性、个人化等特征。价值共创的核心概念是创造并提升利益相关者的体验价值。价值在于用户体验，这是基于不同用户的动机共同创造的，知识付费平台用户通过付费购买来提升他们的效用（Hussain et al.，2023）。换言之，将利益相关者的需求盲点与消费痛点、社会冗余资源，通过人的互动、知识分享、信息的交流、资源的互动与移动互联网连接起来，以解决这些需求盲点与消费痛点，可以极大地提升个人的体验价值，且使整个平台与社群的体验价值得到提升（彭毫和罗珉，2020）。在价值共创历程中，利益相关者之间经常通过资源共享来解决问题，进而共创价值。

2. 服务主导逻辑

相对于商品主导逻辑（Goods-Centered Dominant Logic，GDL），服务主导逻辑（Service-Centered Dominant Logic，SDL）认为价值是为获得效用而交换的互惠技能或服务的相对升值，价值是消费者在使用价值（value-in-use）的基础上感知和决定的（Vargo & Lusch，2004）。服务主导逻辑下，假设用户始终参与价值创造，因此用户活动在决定所创造的价值方面起着重要作用。客户是关系交换和合作生产的积极参与者。以服务为中心的主导逻辑意味着价值由消费者定义并与消费者共同创造，而不是嵌入产出中。目前该理论已将关注点由传统的企业和顾客共创价值的二元互动关系转向服务生态系统中多方参与主体共创价值的多元互动关系。

Vargo 和 Lusch（2004）提出的价值共创公理 FP6 是"顾客总是一

第三章 价值共创视角下的知识付费平台持续发展机理研究

个共同生产者",他们在2006年和2008年又修订了这一公理(Lusch & Vargo,2006;Vargo & Lusch,2008),更改为"顾客总是价值的共创者",强调了价值创造的互动性。他们区分了共同生产和共同创造:共同生产指的是价值主张的创造——本质上是设计、定义、生产等,共同创造是多个参与者的行为,各参与者往往并不知道彼此,但为彼此的福祉做出贡献。Vargo和Lusch(2016)为了澄清大家对FP6的认识,强调了"价值是由多个行动者共同创造的,总是包括受益人"的思想,这与传统的世界观相对立。在传统世界观中,企业被视为价值的唯一创造者。相反,价值共创公理FP6表明价值是通过行动者的交互作用共同创造的,无论是直接的还是间接的(如通过商品)。该公理还使人能够更清楚地看到,面向服务的观点本质上是顾客导向和关系的,因为价值不是在交换事务之前产生的,而是在交换资源的使用过程中,在特定的情境中,在与其他服务提供者提供的资源相结合的情况下产生的,遵循价值共创公理。随着时间的推移,这种价值创造被看作是持续的社会和经济交换、隐性合同和关系规范的结果。这一公理的最初范围旨在将价值创造的主要轨迹从公司的领域转移到用户的领域,并从交换价值的首要地位转移到使用价值的首要地位。

服务主导逻辑中的"价值共创"概念以"客户始终是价值的共同创造者"为基本前提(Vargo & Lusch,2008)。从共同创造的角度来看,价值是通过行动者之间的合作共同创造的,而不是由公司产生的(Vargo & Lusch,2017),并且可以为公司带来竞争优势(Vargo & Lusch,2008)。从过程的角度来看,共同创造是一个价值共同扩展的过程(Ramaswamy,2011)。行动者在互动平台上通过直接互动将资源整合(Grönroos & Voima,2013;Payne et al.,2008),进而实现价值扩展。从结果的角度来看,价值永远是唯一的、现象性地由受益者决定的(Lusch & Vargo,2006)。使用价值用于解释客户对产品或服务主张的体验评价（Vargo & Lusch，2008）。总体而言，使用价值可以通过消费者的体验价值、个性化价值（实际或感知使用过程的独特性）以及参与过程中发展的关系价值来衡量（Ranjan & Read，2016）。Bo、Tronvoll和Gruber（2011）使用"社会情境价值"一词来解释个人对其在社会中不同处境的价值感知的变化。

服务主导逻辑（SDL）为概念化和促进价值共创、推动数字化转型、促进数字化战略发展以及利用服务创新提供了有用的指导（Weiß et al.，2018）。该理论提出，服务不是一种特定的形式，而是一般的交换形式（Payne et al.，2008），所有经济体都是服务经济体，因为服务是所有交换活动的基础。企业和客户共同提升了使用价值，企业只是在传递价值主张（Vargo & Lusch，2008）。因此，它要求企业与消费者合作或向消费者学习，以适应多样化的个人需求（Vargo & Lusch，2004）。

在数字经济背景下，服务主导逻辑的重点从生产转移到了价值创造，生产者和消费者之间的区别缩小。服务的本质从以产品为中心转变为以客户为导向和关联，价值的本质被视为独特的、经验性的、情境的（Vargo & Lusch，2008），出现在用户和知识提供者、平台厂商资源的互补性和协同互动中（Jaakkola & Alexander，2014）。这种价值共创活动有助于提高平台产品或服务质量，有助于提高用户满意度和忠诚度（Grissemann & Stokburgersauer，2012；Cossío-Silva et al.，2016），促进平台的可持续发展。

需要特别指出的是，价值共创理论中，除服务主导逻辑外，还有服务逻辑。服务逻辑是基于服务主导逻辑强调的使用价值提出的，但服务主导逻辑关注价值创造的全过程，而服务逻辑只微观分析顾客使用价值的共创过程，认为顾客创造的使用价值才是真实价值，供应商创造的只是潜在价值，强调顾客是价值创造者，供应商是价值促进者，供应商和顾客只有在联合区域通过直接互动才能共同创造价值（Grönroos，2011）。在服务逻辑的研究中，这被称为"共同创造的平台"（Grönroos & Gummerus，2014），从分析的角度来看，只要参与者设法创造一个联合价值创造的合并过程，就可能发生价值共同创造。

3. 顾客/消费者主导逻辑与服务主导逻辑两者的异同

顾客/消费者主导逻辑是指顾客/消费者在产品或服务的设计和创新过程中发挥主导作用，强调以顾客/消费者为中心，侧重关注顾客/消费者的需求和体验。一般而言，企业使用调研、沟通等方式主动关注顾客/消费者的需求和期望，并采取相应战略和行动进行产品或服务创新，通过了解和满足顾客/消费者需求、提升顾客/消费者体验来创造价值。顾客/消费者主导逻辑凸显了顾客/消费者的参与、反馈和认可在企业产品和服务创新中的主导地位，肯定了顾企互动在价值创造过程中的核心地位，将企业的成就归功于为顾客/消费者提供独特的体验环境（王鹏涛和章祺，2023）。在这一逻辑的指导下，企业应该不断了解顾客/消费者的需求和反馈，在产品设计、生产、营销等方面以顾客/消费者需求为导向，注重产品的功能、品质、价格等方面的差异化，通过与顾客/消费者的互动合作来创造和提供满足顾客/消费者个性化需求的产品或服务，提升顾客/消费者满意度和忠诚度。

服务主导逻辑是指服务提供者在提供产品或服务的过程中发挥主导作用，强调服务即价值，侧重关注服务提供者自身的责任和作用。企业通过主动提供高质量服务、创新服务和增值服务来满足顾客需求，提升顾客满意度，同时吸引并提高顾客对企业品牌的忠诚度，为企业赢得声誉。服务主导逻辑更加注重服务的个性化、专业化和标准化，强调服务的整体性和连贯性，但这并不意味着否认了顾客与企业双方建立起的二元互动关系的重要意义（王鹏涛和章祺，2023）。在这一逻辑的指导下，企业应该在服务设计、服务流程、服务人员等方面注重服务的个性化和专业化，主动为顾客提供高质量的创新服务，超越顾客期望，与之建立稳固的服务关系。

顾客/消费者主导逻辑和服务主导逻辑间有着密切的联系与互动关系，二者相辅相成，共同构成了价值共创的理论框架。一是二者都强调顾客参与。认为顾客是价值的共同创造者，顾客的参与和反馈是企业实现创新发展的动力源。二是二者都强调价值共创。通过聆听顾客需求、了解顾客期望，与顾客共同制定产品或服务的发展方向，推进共同协作与交流互动，培植企业核心竞争力，实现共创和双赢局面（陶娜，2023）。三是二者都强调创新。呼吁企业重视创新和差异化，鼓励企业做好产品设计、生产、营销等方面的创新工作。

综上，顾客/消费者主导逻辑和服务主导逻辑虽各有侧重，但都在价值共创理论中扮演着重要的角色，初衷也都是为了更好地满足顾客的需求和期望。实践中，企业可以将二者结合，取长补短，选择与自身经营特点相契合的价值共创理念模式，创造和提供更有价值的产品或服务，促进企业经营和发展，实现共创价值的目标。

在平台经济蓬勃发展的背景下，各类知识付费企业的价值创造不再是传统企业主导的静态一维过程，而是动态的多维价值创造过程，也是组织模式从传统企业的"赋能"向平台企业的"赋权"转变的过程。企业的转型形成了新的价值创造模式和战略行为，必然导致企业价值链体系的重构（Mair & Reischauer，2017）。

二、具有代表性的知识付费平台价值共创行为模型

（一）数字平台业务的服务价值共创

Yao和Miao（2021）研究了数字平台情境下的服务价值共创过程，

识别了平台商、平台买家和卖家在不同阶段的服务价值输出类别。利用咸鱼这一新兴的、具有代表性的数字平台，采用嵌入式案例研究设计和社交媒体分析方法进行研究，说明了用户在购买的各个阶段的服务价值共创实践和价值类别。基于平台上的服务交易过程，将利益相关者的互动分为三个阶段：①用户连接阶段（connection），即生产消费者积极参与搜索的购买前阶段；②用户接触阶段（contact）或用户之间协商的付费购买阶段；③用户分离阶段（separation），即购买者接受服务交付并进行评估的购买后阶段。在价值共创的不同环节，闲鱼平台同时扮演着服务的共同提供者、共同消费者和共同监管者的角色。其中，在用户连接阶段，用户大多依赖平台作为满足他们需求的"桥梁"，而物品的信息展示对于生产消费者决定是否参加下一阶段至关重要。在用户接触阶段，用户可以在平台服务下相互联系。该平台服务不仅有助于促进用户互动，而且由于其争议解决援助和机制，还让买家感到安全和信任。在用户分离阶段，即达成物品交付协议后，接收体验显著影响用户的交易感受。因此，如前所述，用户评价对于咸鱼平台的开发和运营至关重要；同时，在社交媒体平台上分享购买体验，加入闲鱼上的各个子社区，为用户提供了扩大网络、满足情感和社交需求的机会。从这一角度来看，买家的反馈对卖家和平台业务都很重要，可以将其视为了解消费者偏好的一种渠道，甚至可以带来新颖的想法和实践，有助于卖家和平台企业发现问题并进一步改进产品或服务。

该研究指出，为用户提供的平台服务可分为三类：①整合各地资源，然后找到合适用户的匹配项；②向生产消费者提供详细信息或提出建议，并提供沟通渠道；③建立基本制度，规范用户群体，解决用户群体之间的纠纷。与平台用户体验相关的做法主要有四种，即信息体验、沟通体验、接收体验和用户反馈。这些实践分为四类价值，即功能价值、经济价值、情感价值和社会价值。图3-1为该研究的概念框架。

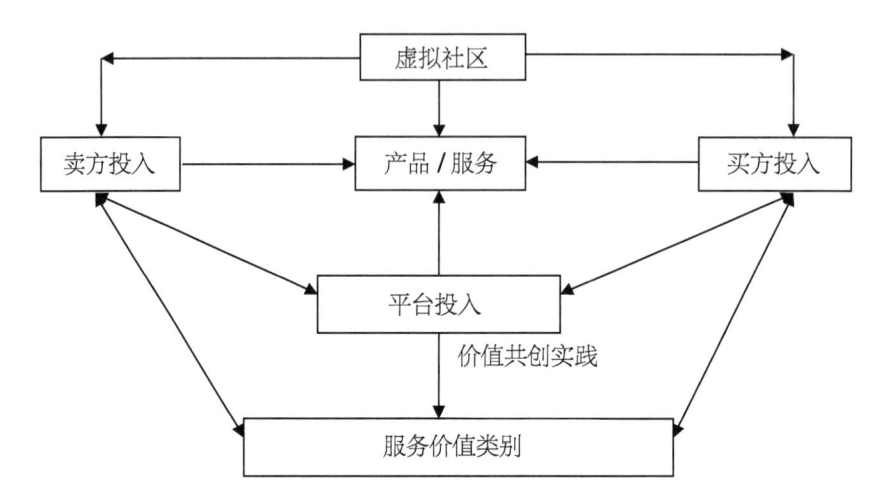

图3-1 服务价值共创的概念框架

从营销的角度来看，消费者的本质已经转移到一个更具活力的角色，成为资源生产者和价值创造者（Carrington & Neville, 2016）。消费者可以利用自身资源，如知识、技能和能力，进而扮演生产消费者的角色（Campos et al., 2018）。作为生产消费者，个人参与丰富的生产活动会产生口碑效应和品牌认可（Cova et al., 2015）。与此同时，数字化对现代市场产生了至关重要的影响，为所有参与者带来了更多的资源获取选择，导致参与者角色模糊，市场可塑性增强。

Yao和Miao（2021）认为，平台业务参与了服务价值共创的过程，其基础设施实现了生产消费者的服务价值共创。反过来，生产消费者的服务价值共创可以通过平台服务产生更多的价值共创机会，这些新机会进一步推动用户和平台企业通过商品、服务和互动创造更多价值，从而形成"可持续"的主要特征。一方面，可持续是指服务价值的共同创造是可持续的；另一方面，可持续的愿景可以传播给更多的人，并对社会产生深远影响，鼓励更多的人成为生产消费者，参与服务价值的共同创造过程，造福经济和环境。这种可持续特征也是平台经济下服务价值共创的主要转变。

（二）知识共创视角下社会化问答社区中高质量知识的形成机制

Zhang、Zhang和Luo等（2019）从互惠决定论和价值共创的角度探讨了社会化问答社区高质量知识的形成机制。针对社会化问答社区382名知识贡献者的调查显示，知识自我效能感、话题丰富度、个性化推荐和社交互动对用户的知识共享和整合行为（价值共创行为）具有积极影响，进而影响社会化问答社区的知识质量（共创价值）。此外，用户评分调节了知识共享对知识质量的影响。这项研究展示了人和技术在知识共创中的协同效应。

价值共创理论主张从生态系统的角度出发，包括人、技术和价值主张，并认为只要系统中的资源相互作用就会发生价值共创（Ranjan & Read，2016）。Ranjan和Read（2016）的《价值共创：概念和测量》一文还梳理出价值共创的两个维度，即共同生产（包括知识共享、公平、互动）和使用价值（包括体验、个性化和关系）。由于用户在知识创造中从事多样性任务并扮演不同的角色（Blooma et al.，2013），所以有必要识别每个参与者带来的资源（包括个人认知因素和社区环境因素），并考察它们对价值共创的影响。

这些学者将社会化问答社区中的参与者分为四类，即提问者、回答者、平台和评分者。基于价值共创理论和互惠决定论，将每个参与者的贡献整合到一个框架中，解释多参与者的知识共同创造过程。价值共创理论提供了一种潜在机制，即行动者的资源迫使他们采取共同创造的行动，为所有人创造价值。互惠决定论将资源进一步划分为技术环境因素和个人认知因素。行为由这两个维度塑造和控制，并反过来改变环境（社区的价值）。图3-2为该研究的概念模型。

这些学者将答主的知识共创行为分为两个层面，即知识共享和知识整合。知识共享是不同角色之间互动的结果，知识整合则需要答主之间的互动。这两种行为同时存在于社会化问答社区中，促进了知识质量的提高。知识整合行为比知识共享行为对知识质量的影响更大，表明知识的互动、互补和转化有利于知识价值的增加。用户和平台提供的信息资源及互动环境支持知识共创活动的不断推进。

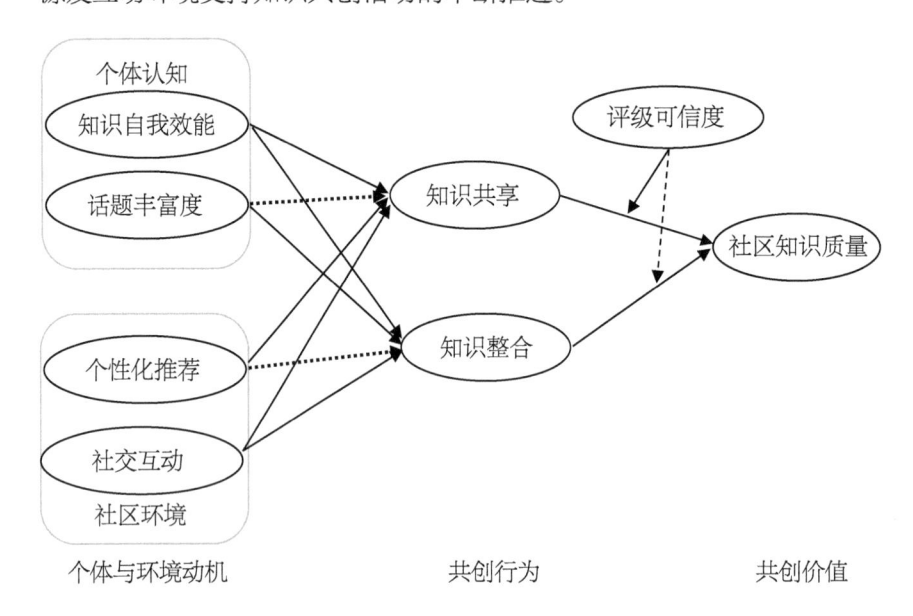

图3-2 该研究的概念框架

注：图中虚线表明变量间关系不显著。

知识作为社会化问答社区的基本资产，其质量受到知识共享行为和知识整合行为的影响。互动是促进用户不同知识共创行为的最重要因素。在社会化问答社区中，互动是基于相似的兴趣或意见形成的，反过来又有助于知识的转变和新思想的产生。通过充分利用互动功能，社会化问答社区可以促进个体资源和社会关系协同效应的产生，从而获得优质内容。具有网络特征的社会化问答社区需要不同参与者的共同创造才能获得最佳产出，进而促进其可持续发展。

三、知识付费平台生态系统价值共创机理

知识付费平台价值共创是指平台与利益相关者之间通过互动，提供差异化的知识与信息服务以满足用户的个性化需求，为平台与用户共创价值的过程，是涉及平台、用户、知识提供者（答主）等多方参与的复杂协同过程（王满四等，2021），是将平台上的知识创造转化为消费者可体验的价值，实现平台价值生产与用户价值诉求相统一的过程。知识付费平台价值共创本质上是一种强调体验导向、注重用户与企业互动的价值主张和参与行为。不同的平台参与主体，其价值需求存在一定差异。

根据价值共创理论，在知识付费平台的价值共创活动中，用户与平台其他参与者共同创造价值，平台需要根据用户的价值共创行为为用户提供各类整合性资源及其他针对性服务，用户导向的思维使得平台不仅要为其自身创造价值，还要为平台中的利益相关者创造价值（金鑫，2021）。在价值共创体系中，由用户、服务商等多个社会和经济参与者构成的松散耦合的结构中，各参与者之间由一套共享的制度逻辑和价值共创活动连接起来（Vargo & Lusch，2011；Hein et al.，2019），平台所有者和领导者为体系中的参与者（利益相关者）提供实现价值共创的生态环境和组织逻辑（钱慈艺，2022）。在这一价值共创体系中，相关价值共创主体之间通过价值互动实现良性的、可持续的共生关系。本章在已有研究成果的基础上，结合知识付费平台的多元化服务场景以及用户内容需求的多元化、服务的个性化、价值的体验性特点，在价值共创理论的基础上，按照"主体—行为—效果"的逻辑分析知识付费平台生态系统（知识付费平台、知识提供者、用户）价值共创机理和思路。

（一）价值共创主体

1. 知识付费平台

知识付费平台是知识生产者和知识消费者的连接者、协调者。作为连接者，从微观角度来看，它连接知识生产者和知识消费者，构成一个"知识生产者—知识付费平台—知识消费者"的市场格局（任丽丽等，2020）。从宏观来讲，它需要协调知识付费产业中的各类机构，包括广告商、服务商等，通过与其互动，综合利用、整合各种资源，应对外部环境的挑战，充当的是指挥者和黏合剂的角色（金鑫，2020）。知识付费平台作为整个价值共创体系的组织者和发起人，直接参与知识产品或服务从选题、设计、开发、制作、销售到售后服务的全过程（金鑫，2020）。作为价值共创活动系统中的工具，知识付费平台通过整合知识资源、提供服务及技术支持来满足用户需求（朱瑾等，2023）。知识付费平台以知识产品和服务作为价值共创合作的聚合入口，协调各方关系，整合资源，合作完成价值创造的过程。

2. 用户

在价值共创活动中，用户既是知识付费产品或服务的生产者，也是其消费者；既是活动主体，又是活动客体的载体；既是价值需求的提出者，也是价值共创的实现者。用户需求是知识付费平台提供服务的主要驱动力，知识付费平台的可持续发展离不开用户需求的满足。价值共创体系中的主体基于价值主张的契合，凭借自身的资源会产生价值共创意愿（马婕等，2021）。比如，用户A产生了亲子教育的困惑和需求，得到App正好通过市场调研推出了相关课程，双方的价值诉求和价值主张相契合，产生了价值共创意愿并导致出现价值共创行为。用户在整个知识付费平台价值共创体系中，既可能表现出角色内的参与行为，也可能表现出角色外的公民行为（Yi & Gong，2013）。前者包括用户搜集信息，共享资源，传递个性化需求，与平台沟通互动；后者包括对知识进行宣传，反馈产品或服务需求，提供知识产品体验信息，将自身体验通过各种圈子、社群等推荐给他人，帮助其他用户解决问题，等等。

3. 知识提供者

作为整个知识付费产业链的源头，知识生产者、知识提供者（供给方）、知识贡献者、付费分享者、付费平台答主、知识创作者、知识极客（知识原创者、知识传播者、知识产品经理、知识经纪人、知识价值领袖）是源头（方军，2017），在知识产品的供应过程中属于生产环节，在整个价值共创体系中发挥着极为重要的作用。Ma 和 Agarwal（2007）、Chen 等（2019）、Xia 等（2012）、Zhao 等（2013）指出，在线问答社区的持续发展严重依赖用户（知识供给端）的知识贡献行为，即参与贡献知识、分享信息和知识创造行为。在知识付费领域，对平台而言，知识提供者也可被看作用户，是生产知识、供给知识、贡献知识的用户。知识提供者的价值共创行为对平台可持续发展至关重要。相对于需求端，知识付费供给端决定着付费知识产品或服务的数量和质量，其持续行为涉及付费知识共享、问答等。知识提供者是知识产品价值需求的满足者，也是价值共创的实现者。根据知识消费端的需求，在平台制度规则下创造相应的价值，以满足用户的个性化体验价值需求。

（二）价值共创行为

知识付费平台价值共创是一种强调体验导向、注重消费者/用户与平台互动的价值主张和参与行为。价值互动与价值共创成为价值创造同一过程中密不可分的两个方面。

1. 付费前阶段——用户连接阶段

付费前阶段主要是指知识产品或服务的生产创造阶段。这个阶段涉及平台和用户、平台和知识提供者、知识提供者和用户、用户和用户之间的互动。实际上这个阶段主要是连接用户的阶段。平台通过投入，包括劳动力、智力资本（如投入创造力、想法、知识和专业知识以实现定制化/个性化）、物质资本或需要结合不同类型输入的活动来参与生产创造活动。用户（包括知识需求者和知识提供者）同样需要投入，包括时间、精力、资源、技能等，在大数据、人工智能等技术的支持下，消费者用户可以通过搜索关键词或在平台上发布的试听内容、宣传短视频等便捷地找到能够满足其需求的内容；还可以根据自己的价值主张、兴趣、地理位置或现实中所属的组织选择加入各种社区或社群，并可以向社区成员咨询信息、寻求帮助。在这一阶段，平台、用户和知识提供者都参与了价值创造的过程。知识付费平台联合知识提供者开展用户需求调查，进行用户画像和数据分析，将用户信息引入产品或服务生产过程；知识提供者在自身专业知识或技能基础上，根据平台提供的信息，寻求与自身价值主张匹配的内容资源，选择合适的时机，进行资源匹配和需求对接；消费者用户根据个人需求，通过信息检索、发布提问、加入社群，在大数据、算法等技术支持下实现供需对接，整个前期价值匹配阶段也是在进行价值共创。价值共创互动平台在这一阶段对用户需要承担信息搜索、信息共享、赋能需求和明确责任行为的功能，对知识提供者来说，需要承担用户差异化需求洞察、产品矩阵设计、产品的场景化设计和平台赋能功能（金鑫，2020）。此外，知识付费平台需要借助价值共创互动平台做好体验场景管理，借助大数据、人工智能等技术实现由"人找信息"到"信息找人"的转变，不断丰富知识产品消费场景，提高用户体验价值，满足用户的个性化、主观化、情境化需求，变"用户寻找"为"为用户提供"，增强用户持续付费意愿。

2. 付费购买阶段——双方互动阶段

当知识产品或服务进入付费购买阶段，此时价值共创主体间的价值互动行为最为明显。知识付费平台需要做好用户预期管理、产品价格管理等（金鑫，2020）。知识产品或服务不同于普通的有形商品，其无形且为虚拟内容服务，如平台推出的付费订阅课程，其价值更多体现在付费后的使用和体验环节，因此管理用户的预期很重要。要合理控制用户预期，平台对于学习内容及学习结果的宣传应明确、具体、真实，为用户提供更明确的选择余地，合理控制用户对于缓解知识焦虑的预期水平，进而提升学习效果，提高用户满意度和持续付费意愿。产品价格管理体现在平台与用户、用户与知识提供者之间关于知识产品或服务价格的确定。付费购买前，平台方、知识提供者会充分吸纳用户的意见，综合考虑产品内容、服务水平、提供者权威程度、成本、为用户带来的价值等多种因素，在现有的定价机制上，各方参与的协商式定价不失为一种补充，特别是那种高度定制化的知识产品或服务，用户也会考虑产品价格与收益的对等性，综合考虑知识产品或服务带来的价格价值、功能价值、社会价值、情感价值等。现实中，用户往往会根据自身对知识产品价值的主观判断（体验价值），结合自身需求和产品定价，来选择物有所值的产品或服务。一般而言，目前在知识付费平台上推出的产品定价相对而言不是很高，比如得到App中常见的课程定价有99元、199元、299元、399元，当然也有比较便宜的，如19.9元；知乎上的付费咨询定价也不一，各位答主会考虑自身声誉、经验、服务凝结程度等制定问答价格。在互动过程中，各参与主体需要花费时间/精力就产品的功能、价格、分发方式等达成一致。平台服务使知识提供者能够创建、复制、分发甚至商业化他们的资源。

3. 购后阶段——信息反馈阶段

购后阶段主要是指知识产品或服务交易结束后的信息反馈阶段。与普通商品交易不同，知识产品极为特殊，购后才是用户体验的开始，用户需要消化和使用知识产品，这是对所购产品价值体验的关键阶段。用户可以评估自己的交易体验，并在平台上反馈自己的体验价值；同时可以在社交媒体上分享这一过程并表达自己的意见，从而在未来与社交网络中的其他用户进行互动。这一阶段知识付费平台需要借助价值共创互动平台实现用户体验价值反馈、效果提升管理、线上线下连通等功能。用户只有实际使用或者体验了知识产品或服务，才能发表真实的想法。营销文献中的最新趋势也表明，价值是体验到的，而不是感知到的，因此价值也从供应方的角度转向了用户的角度，包括用户体验的功能价值、情感价值、社会价值、认知价值等，这些反馈信息对于知识付费平台可持续发展至关重要。在社交媒体平台上分享购买体验，加入社区，为用户提供了扩大网络、满足情感和社交需求的机会，也为知识提供者创造了改进产品和服务的可能。效果提升管理是指平台方采取各种手段提升用户体验效果，包括一定时期内的训练营形式，有助教陪伴，随时解决这一时期内用户遇到的各种问题，这种方式相较于纯粹的付费订阅效果要好。线上线下连通也是为了增强用户、知识提供者、平台之间的互动频率和质量，这也是Prahalad和Ramaswamy（2004b）提出的价值互动的对话、访问、风险效益和透明性涉及的内容。

当人们以实现完成价值获取进行价值分配时，以往的议价能力很难出色地完成任务。这就促使议价的思路必须发生改变，而消费者社群正是在共同创造价值的基础上产生的，将以前的零和博弈（zero-sum game）的议价模式变成合作博弈（cooperative game），即不再划分生产者和消费者，而是共创价值、共同分享，建立利益共同体（李亮宇，2018）。知识付费平台同时扮演着服务的共同提供者、共同消费者和共同监管者的角色，在许多方面与知识提供者共同提供服务。首先，由平台制定规则并提供方案，比如知乎的创作中心提供了一系列教程，包括如何创作一条有价值的想法、涨粉攻略等。其次，由平台提供创作灵感，包括问题推荐、近期热点，还有内容管理、评论管理，以及数据分析、内容分析、收益分析、关注者分析，帮助用户及时了解账号情况并做出调整和改进。凭借这些平台服务，知乎为知识提供者价值主张的最大化做出了贡献。从知识提供者的角度来看，它是服务的共同提供者。从另一个角度来看，知乎作为服务的共同消费者和买家，通过为用户提供一种以最低成本获取信息的方式，为买家的价值主张最大化做出了贡献。它迎合了用户的多维价值主张，寻找信息价值、经济价值、功能价值和情感价值的用户得到了平台的基础设施和功能的支持；同时，平台也是用户生成内容的重要消费者。如果用户和答主发布相关问题，它将为未来有相同或类似问题的用户提供信息体验（Yao & Miao，2021）。

知识付费平台积极参与促进所有平台用户的价值共创，在定义用户体验的整体环境方面也发挥着至关重要的作用。比如，得到的用户服务协议，为不同服务的用户设置了相应的服务规则。由于平台用户可能扮演不同的角色，这些规则也很详细，包含服务内容、服务类型、服务期限、服务收费、服务终止、违规行为界定、违规行为处理及申诉等。

（三）价值共创结果

数字化赋能下，价值共创活动形成了几种关键的价值类型，不仅涵盖了传统的经济价值，还延伸出一系列复杂、多维的价值形态。用户层面的价值类型有情感价值、功能价值、经济价值、社会价值，平台层面的价值类型包括经济价值、环境价值、社会价值、声誉价值、制度价值（Yao & Miao，2021），不同类型的价值之间存在着密切的互动关系，形成一种网络结构。

价值共创体系的参与者以利益为纽带形成松散耦合的跨组织结构，互利共赢是价值共创体系持续发展的根本目的和重要前提。对于知识付费平台而言，价值共创的结果首先是经济绩效，平台通过运营获得相应的经济绩效和品牌价值，竞争力得到提升；其次是目标实现，随着用户数量的增加，平台口碑效应显现，用户更加忠诚，平台将得到持续发展，承担更多的社会责任。这也是平台通过价值共创希望达成的目标。对于知识付费平台的用户而言，其参与价值共创互动平台的目的是获得各种价值，满足各种价值需求，实现价值交付和获取，包括轻松愉悦、享受乐趣的情感价值，提升自己在他人心目中的形象、带来社会认同、在朋友中更受欢迎的社会价值，满足需求、收获高质量服务和专业内容等的质量价值。这些都是用户参与价值共创的目标。对于知识提供者而言，其参与价值共创的主要目标是获取经济收益，增加个人影响力或知名度，获得社会认同，等等。对于整个知识付费平台生态系统而言，价值共创活动整合了各类资源与能力，参与各方通过交换与共享资源共同创造价值，维护系统的动态平衡，推动实现知识付费平台生态系统各层面间的良性循环。

第四章

知识付费平台用户持续行为研究

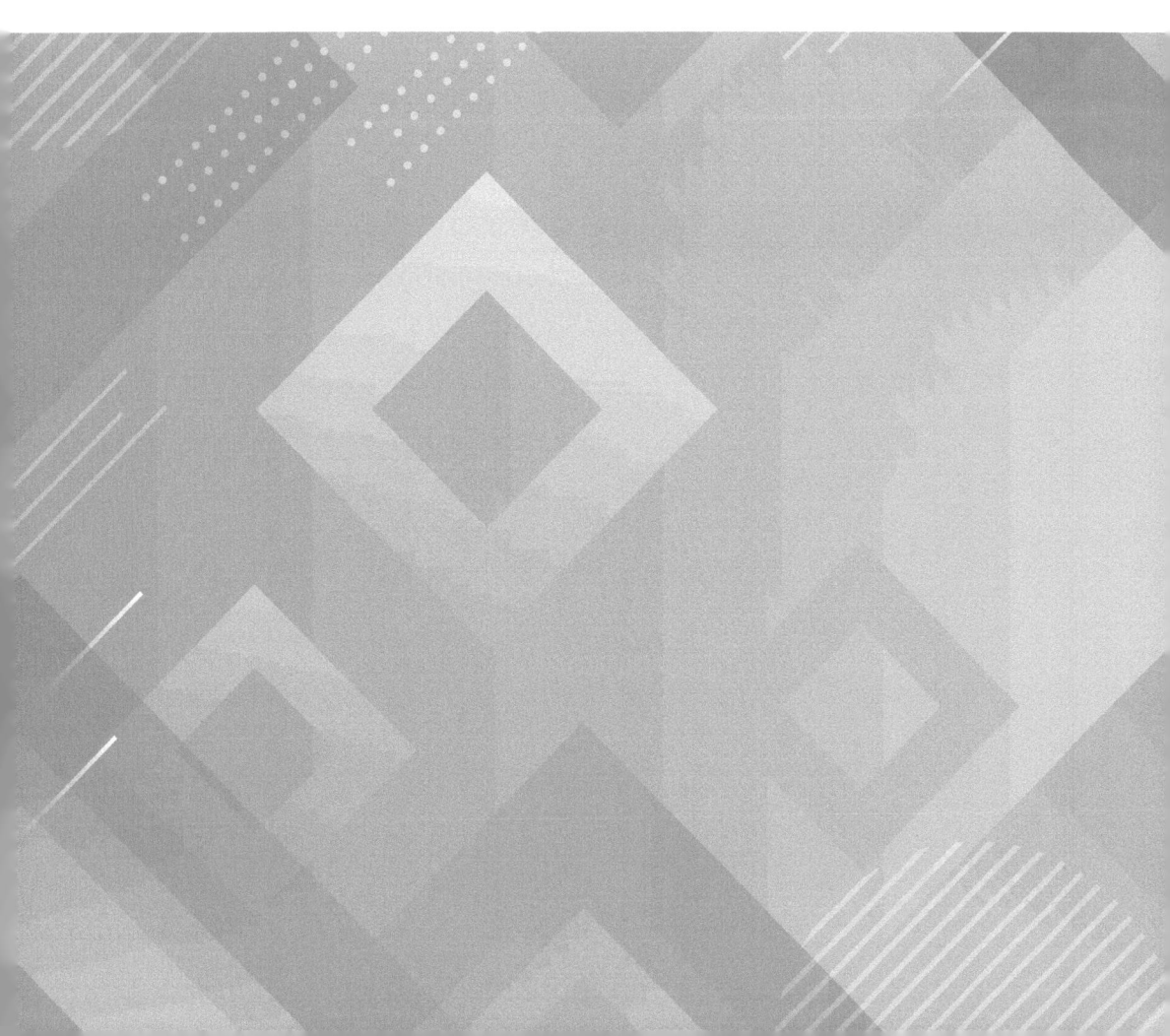

为了更好地吸引和留住消费者，知识付费平台和知识贡献者必须了解消费者为知识付费的原因，以帮助建立可盈利和可持续的商业模式（Guo et al., 2017 ; Lai & Chen, 2014）。当前各大知识付费平台之间竞争激烈，了解用户、追求用户的感知价值最大化，进而提高用户满意度和忠诚度及其持续付费意愿成为各平台企业在竞争中获胜的关键。本书认为，平台用户的持续行为包括用户的持续付费意愿和行为、用户表现出来的满意度和忠诚度等，对用户付费后的满意度进行评价，并最大化用户的各种感知价值，使用户表现出一系列持续行为，这将大大促进知识付费平台的可持续发展。因此，本章以知识付费平台上的付费订阅用户为研究对象，首先构建了在线知识付费订阅用户满意度评价指标体系，采用可行的评价方法实际测评用户满意度，并针对评价结果对知识付费平台的持续发展提出建议，同时提出提升用户满意度的策略；接着从感知价值视角出发，探究其对用户持续付费意愿的影响，包括分析在线知识付费订阅用户的感知价值构成以及其对用户满意度和持续付费意愿的影响机理；最后，从用户自身出发，对当前用户为解决知识焦虑而引发的不利的知识囤积行为予以重点关注，对用户知识付费产品"网络囤积"现象进行了阐述和原因分析，并从用户、行业、平台角度提出克服知识付费产品"网络囤积"的举措，这也是知识付费平台持续发展过程中必须重视的问题之一。上述探讨为知识付费平台建设与高质量发展提供了路径参考。

一、知识付费平台用户满意度评价研究[①]

在互联网知识经济时代，知识付费平台因能帮助用户解决网络知识过载带来的知识焦虑等问题，受到了用户的高度关注。付费订阅作为在线知识付费的一种主要形式，目前受到各大知识付费平台的青睐。艾媒咨询数据显示，2017年以来，中国知识付费行业市场规模快速扩大，2022年已达到1126.5亿元，预计2025年将达到2808.8亿元。与此同时，由于知识产品的独特性，用户在线付费订阅知识产品时会出现实际效果与预期不符等问题，引起用户的不满，这些问题大量存在会导致用户知识付费体验差、用户复购意愿（持续支付/使用意愿）不高等后果。因此，为了促进在线知识付费平台的可持续发展，关注用户满意度和忠诚度的知识转移、传播战略逐渐成为平台方的经营重点。已有研究多关注用户的消费决策，特别是用户付费前的决策行为（Liu & Feng, 2018；Zhao, Zhao & Yuan et al., 2018），而对用户付费后的满意度评价关注不足，导致平台可持续发展存在阻力和障碍。

（一）相关文献回顾

1. 用户满意度定义

"用户满意度"源于市场营销领域的"客户满意度"或"顾客满意度"概念，是互联网时代分析用户行为的一个关键概念。用户满意度的研究非常重要，因为它不仅影响用户的行为结果，如忠诚度、信任度和购买意向（Shankar et al., 2003；Gustafsson et al., 2005；Flavian et al., 2006），而且是平台盈利能力的关键影响因素（Chiou & Shen, 2006）。已有研究从特定交易视角和累积视角这两个视角来讨论客户满意度的概念（Boulding et al., 1993）。其中，特定交易视角的客户满意度是指用

[①] 任丽丽，郑永武. 在线知识付费订阅用户满意度评价研究 [J]. 知识管理论坛，2022，7（1）：72-86.

户对当前交易的满意程度，累积视角的客户满意度是指客户在一系列交易中对特定实体（如服务交付系统、供应商或服务提供者）体验的整体评估（Wang et al., 2019；Oliver, 1997）。

2. 知识服务平台用户满意度研究

本章从用户满意度的影响因素/评价指标体系、用户类型、数据来源等方面对知识付费平台用户满意度进行综述，考虑到中国在内容付费领域处在创新前沿，近几年国内相关研究较国外多，因此这里仅对国内代表性学者的观点进行评介，具体如表4-1所示。

表4-1 国内代表性学者的观点

作者（年份）	影响因素/评价指标体系	用户类型	数据来源
林彦汝等（2020）	期望确认度、感知有用性、信任度、定价合理度、知识生产者专业性	知识付费平台用户（知乎App）	问卷调查
高志辉（2020）	内容、服务、知识效用、价格4个一级指标和25个二级指标	知识付费平台用户（"樊登读书"有声书平台）	用户评论、用户访谈与文献调研、问卷调查与半结构化访谈
范建军（2018）	内容满意度、功能满意度、平台可用性、平台易用性、价格满意度	知识付费平台用户（得到App）	用户评论和评分
金小璞等（2021）	知识付费平台质量（系统质量、信息质量、服务质量）、产品的新颖性、感知价值（感知实用性和享乐性价值）以及总体用户满意度	知识付费平台用户	问卷调查

续表

作者（年份）	影响因素/评价指标体系	用户类型	数据来源
王若佳等（2019）	环境因素（线下环境、线上环境）、平台因素（平台功能、平台机制）、医生因素（专业技能、及时程度、道德素养、沟通能力）共同作用于用户，通过感知成本、感知信任、治疗效果、心理预期影响用户做出负面评价	在线问诊平台用户	扎根理论，用户负面评论
张馨遥等（2018）	6个一级指标（用户期望、感知质量、感知价值、用户满意度、用户信任、用户参与）和34个二级指标	在线健康信息服务用户	问卷调查
杨少梅等（2019）	6个一级指标（系统特征、服务品质、界面特征、内容质量、交互能力、反馈机制）和20个二级指标	微信英语学习平台用户（水滴阅读）	问卷调查
刘鸣筝和王雨婷（2023）	信息质量、呈现形式和衍生价值3个一级指标和17个二级指标	短视频平台（抖音）阅读推广账号用户	访谈
李青维等（2023）	信息、信息人、信息技术、信息环境4个维度，包括信息资源质量等25个影响因素	有声读物平台用户	问卷调查

注：根据相关文献整理得到。

3. 研究述评

已有研究围绕用户满意度进行探讨，或聚焦于用户满意度影响因素，或聚焦于用户满意度评价，还有学者将用户满意度作为中介变量开展相关研究（如朱祖平和张丽平，2020；赵保国和姚瑶，2017；卢艳强和李钢，2019；等）；但是，知识付费领域的用户满意度评价研究还未引起足够的重视，尤其是在知识付费平台用户类型方面，付费问答平台用户的相关研究较多（Zhang et al.，2019；赵杨等，2018；李武等，2018；邓胜利和蒋雨婷，2020；陈小卉等，2020），付费订阅用户的相关研究较少，针对付费订阅用户进行满意度评价的研究则更少。此外，在知识付费平台用户满意度评价方面，特别是针对付费订阅用户的满意度评价，指标选取不全面，比如缺少强化参与性的指标，无法全面反映付费订阅用户对在线知识付费平台服务质量的评价。

鉴于此，本书首先指出，与付费问答和用户打赏不同，在线付费订阅具有订阅性质，包括以订阅专栏、线上训练营、课程订阅等方式获得的知识产品。其次，由于付费订阅用户是在一定订阅期内完成相关知识的学习，那么用户对知识付费平台的满意度是一定时间范围内累积的结果。因此，基于累积视角，本书将用户满意度界定为"基于用户对先前与知识付费平台或知识供给方交互的期望和体验的总体评价的情感回应"，表现在用户的主观感受上，如愉快或不愉快、满足或沮丧等（Oliver，1997；金鑫，2021）。再次，在前人研究的基础上，采用焦点小组访谈法和文献调研法，探索相应的指标体系来评价用户在线知识付费的满意度。最后，结合付费订阅用户的特性，针对在知识付费平台上有过付费订阅相关知识产品的经历的用户，构建一套用户满意度评价指标体系，并运用层次分析法和模糊综合评价法，通过问卷调查收集数据进行实际评价，为知识付费平台完善运营机制提供建议。

（二）在线知识付费订阅用户满意度评价指标体系构建

1. 评价意义

由于知识产品在销售前的特性（比如无形性），用户在付费前掌握的产品信息往往有限，而且知识消费与普通商品消费在消费过程、消费者支出、消费者收获、消费者评价等方面均有不同（Zhang，Zhang & Zhang，2019；Desouza et al.，2006），特别是在消费者收获方面，有些知识产品，如智识类、用户素质提升类知识产品，其效果显现时间较长，具有滞后性，实际体验效果与用户期望不一致的情况时有发生，用户不满意的情况较常出现（方军，2017），因此，针对在线知识付费订阅用户开展满意度评价，不仅可以根据指标权重大小和评价结果为知识付费平台和知识供给方提高知识产品质量、服务质量提供重要依据和建议，进一步满足付费订阅用户的预期和个性化需求，而且可以为进一步筛选用户以提高其满意度和忠诚度、增强用户黏性和持续付费行为提供借鉴，进而促进知识付费平台可持续发展。

2. 评价指标体系构建

（1）指标选取。

采用焦点小组访谈法，选取有过线上付费订阅相关知识产品经历的12名用户为访谈对象，访谈内容包括：对付费订阅的知识产品的看法，在学习过程中遇到的问题，学习效果，用户满意度，持续付费意愿，等等，访谈时长为90分钟。最后对访谈结果进行编码、归类。基于已有研究和访谈结果，根据指标选取的全面性与重要性原则、系统性与独立性原则、实用性原则等（任丽丽，2008），结合在线知识付费订阅用户的特征，本书构建的用户满意度评价指标体系如下：第一层为目标层，即在线知识付费订阅用户满意度评价指标体系；第二层为准则层（或称为"一级指标"），选取影响付费订阅用户满意度的4个主要因素——互动质量、平台特征、内容质量、服务质量（Wang et al.，2019；林彦汝等，2020；高志辉，2020；范建军，2018；金小璞等，2021；王若佳等，2019；张馨遥等，2018；杨少梅等，2019；Pitt et al.，1995），并在此基础上构建方案层（或称为"二级指标"），共包含24个二级指标，这些二级指标基本上反映了知识付费平台方、知识供给方、用户三者互

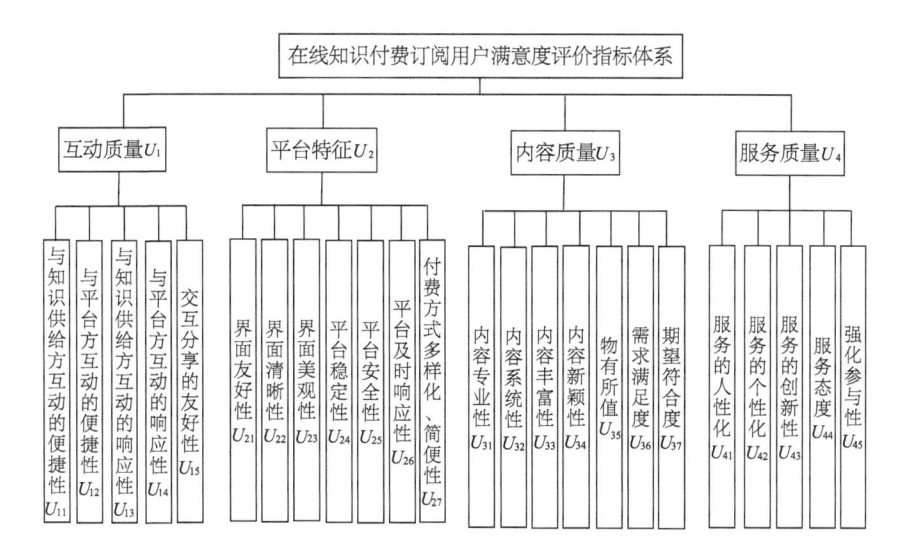

动过程中对用户满意度有影响的所有方面，具体如图4-1所示。

```
在线知识付费订阅用户满意度评价指标体系
├── 互动质量 U₁
│   ├── 与知识供给方互动的便捷性 U₁₁
│   ├── 与平台方互动的便捷性 U₁₂
│   ├── 与知识供给方互动的响应性 U₁₃
│   ├── 与平台方互动的响应性 U₁₄
│   └── 交互分享的友好性 U₁₅
├── 平台特征 U₂
│   ├── 界面友好性 U₂₁
│   ├── 界面清晰性 U₂₂
│   ├── 界面美观性 U₂₃
│   ├── 平台稳定性 U₂₄
│   ├── 平台安全性 U₂₅
│   ├── 平台及时响应性 U₂₆
│   └── 付费方式多样化、简便性 U₂₇
├── 内容质量 U₃
│   ├── 内容专业性 U₃₁
│   ├── 内容系统性 U₃₂
│   ├── 内容丰富性 U₃₃
│   ├── 内容新颖性 U₃₄
│   ├── 物有所值 U₃₅
│   ├── 需求满足度 U₃₆
│   └── 期望符合度 U₃₇
└── 服务质量 U₄
    ├── 服务的人性化 U₄₁
    ├── 服务的个性化 U₄₂
    ├── 服务的创新性 U₄₃
    ├── 服务态度 U₄₄
    └── 强化参与性 U₄₅
```

图4-1 在线知识付费订阅用户满意度评价指标体系

（2）指标的含义。

图4-1中各指标的含义如下。

①互动质量。该指标主要评价用户付费订阅知识产品后，与知识付费平台方、知识供给方和其他用户之间互动的经历。用户与知识付费平台方、知识供给方或其他用户之间的高质量互动可能减少用户的感知不确定性，从而使用户对平台方或知识供给方产生信任、同情心和可靠感（Barnes & Vidgen，2002；Hossain et al.，2015）。互动质量指标包括5个二级指标。其中，与知识供给方、平台方互动的响应性是指当用户有问题时，知识供给方、平台方能否及时回应；交互分享的友好性是指用户能否在平台上找到志同道合的朋友从而共同进步。

②平台特征。该指标侧重于用户对知识付费平台提供的产品或服务的有形特征的评价。由于在知识市场上买卖双方交易的标的物是知识产品，具有无形性，在交易过程中需要用户参与，因此周围环境（如平

特征)将影响用户对整体满意度的感知(Brady & Cronin,2001)。平台特征指标包括7个二级指标,其中界面友好性、清晰性和美观性是指界面设计是否简洁明了,操作程序是否便捷,布局是否合理、清晰,使用户赏心悦目,等等。平台稳定性、安全性和响应及时性是指系统是否稳定可靠,安全是否有保障,处理速度、反应速度快与否。付费方式是在线知识付费平台的特性,通过这一指标来描述平台付费方式是否多样、简便。

③内容质量。内容质量是付费订阅用户满意度评价的重要内容,主要包括付费知识的内容特性(包括4个二级指标)和内容价值(包括3个二级指标)两个方面,涉及付费知识内容的专业性、系统性、丰富性、新颖性,以及是否物有所值及需求满足度、期望符合度等方面。其中,内容新颖性是指内容是否有平台特色,物有所值是指平台提供的内容是否让用户觉得产品用处和价值相符,需求满足度和期望符合度是指平台提供的知识内容满足用户需求的程度以及符合用户期望的程度。

④服务质量。服务质量也是影响付费订阅用户满意度的重要内容,是指用户对服务质量的感知,涉及知识付费平台方、知识供给方提供服务的人性化、个性化、创新性以及服务态度及强化参与性等方面。其中,服务的人性化是指用户对平台使用的自然舒适程度,服务的个性化是指服务提供方(指为用户提供服务的人,包括知识付费平台方和知识供给方)是否根据用户习惯、行为为其提供个性化服务,服务的创新性是指服务提供方是否采用新技术、新观念为用户提供创新性服务,强化参与性是指知识付费平台方或知识提供方是否采取一些手段强化用户的参与。

(三)研究方法选择

1. 在线知识付费订阅用户满意度评价方法的选取

在多指标综合评价方面,权重的确定很重要。在实践中,有主观打分法、德尔菲法、层次分析法（Analytic Hierarchy Process，AHP）、熵值法等确定权重的方法。本书参考多数研究的做法，采用层次分析法来确定指标的权重。层次分析法本质上是一种专家参与的决策方法，是把一个复杂问题分解成若干组成要素，并按支配关系形成层次结构，然后用两两比较的方法确定决策方案的相对重要性，是一种定性定量相结合的方法（孙洪才等，2011）。

在评价在线知识付费订阅用户的满意度时，本书采用模糊综合评价法（是指应用模糊集合变换原理，从多个角度对被评价对象隶属等级情况进行综合评判的一种方法，分为一级模糊综合评价法和多级模糊综合评价法，本书采用后者）（任丽丽，2008；李希灿，2016），原因有以下几点（任丽丽，2008）：①本书设计的评价指标属于定性指标，这类指标具有一定的模糊性；②在评价用户满意度时，需要收集用户对当前使用的知识付费平台的看法。用户在实际评价时，往往会受主观因素影响，而导致客观性不足，为了提高评价的客观性、公正性和正确性，实现指标从定性向定量的转变，本书采用多级模糊综合评价法将评价结果用具体数值表示出来。

2. 模型建立

建立在线知识付费订阅用户满意度评价模型的具体步骤如下（任丽丽，2008；孙洪才等，2011；李希灿，2016）。

（1）确立评价对象的因素集（或指标集）。因素集是影响被评价对象的各种因素的集合，通常用U表示，即

$$U=\{u_1, u_2, \cdots, u_m\}$$

u_i（$i=1, 2, \cdots, m$）表示有m种影响因素，这些因素通常具有不同程度的模糊性。

（2）确立权重集。为了反映各影响因素的重要程度，需要对各影响因素u_i（$i=1, 2, \cdots, m$）赋予不同的权重w_i（$i=1, 2, \cdots, m$），由权重

组成的集合 $W(w_1, w_2, \cdots, w_m)$ 称为"权重集"，权重集中的要素满足正向性及归一性：$w_i > 0$ $(i=1, 2, \cdots, m)$；$\sum_{i=1}^{m} w_i = 1$。

本书采用层次分析法对各层次的指标赋权。首先根据已建立的指标体系，运用九级标度法（含义见表4-2）判断各指标的重要程度。邀请相关领域的专家根据九级标度法构建判断矩阵，再根据所构建的判断矩阵，运用yaahp软件计算判断矩阵的最大特征根和特征向量，并对判断矩阵的一致性进行检验，其中度量判断矩阵相容性的指标为 $CR = CI/RI$，其中，$CI = (\lambda_{max} - n)/(n-1)$，$\lambda_{max}$ 为判断矩阵的最大特征根，n 为判断矩阵的阶数，RI 的取值如表4-3所示。

表4-2 各标度的含义

标度	含义
1	两个要素相比，具有同样的重要性
3	两个要素相比，前者比后者稍重要
5	两个要素相比，前者比后者明显重要
7	两个要素相比，前者比后者强烈重要
9	两个要素相比，前者比后者极端重要
2, 4, 6, 8	上述相邻判断的中间值
倒数	若要素 i 与要素 j 的重要性之比为 a_{ij}，则要素 j 与要素 i 的重要性之比为 $a_{ji}=1/a_{ij}$

表4-3 平均随机一致性指标

阶数 n	1	2	3	4	5	6	7	8	9	10	11	12
RI	0	0	0.58	0.89	1.12	1.26	1.36	1.41	1.46	1.49	1.52	1.54

检验结果：若 $CR < 0.1$，一般认为判断矩阵具有满意的一致性；若一致性不合格，则考虑放弃该判断矩阵或者使原专家重新取值。

（3）建立评价集V。评价集通常用V表示，即

$$V=\{v_1, v_2, \cdots, v_n\}$$

v_j (j=1, 2, $\cdots$, n) 表示各种可能的评价结果，参考已有的研究，本书取n=5，用很满意、满意、一般、不满意、很不满意5种评价结果表示，记为V={v_1（好），v_2（较好），v_3（一般），v_4（较差），v_5（差）}。

（4）计算隶属度，形成模糊关系矩阵R。在评价过程中，需要先计算出用户对各个指标给出的等级评价模糊子集的隶属情况，即隶属度，并形成模糊关系矩阵R，即

$$R = \begin{bmatrix} r_{11} & r_{12} & \cdots & r_{1n} \\ r_{21} & r_{22} & \cdots & r_{2n} \\ \vdots & \vdots & & \vdots \\ r_{m1} & r_{m2} & \cdots & r_{mn} \end{bmatrix}$$

其中，r_{ij} (i=1, 2, $\cdots$, m, j=1, 2, $\cdots$, n) 为第i个评价因素对第j个评价等级的隶属度。

（5）选择合成算子，将模糊关系矩阵R与权重集W相结合，得到综合评价矩阵B，即

$$B = W \cdot R = \begin{bmatrix} w_1 & w_2 & \cdots & w_m \end{bmatrix} \cdot \begin{bmatrix} r_{11} & r_{12} & \cdots & r_{1n} \\ r_{21} & r_{22} & \cdots & r_{2n} \\ \vdots & \vdots & & \vdots \\ r_{m1} & r_{m2} & \cdots & r_{mn} \end{bmatrix} = \begin{bmatrix} b_1 & b_2 & \cdots & b_n \end{bmatrix}$$

其中$b_j = \sum_{i=1}^{m}(w_i \times r_{ij})$ (j=1, 2, $\cdots$, n) 表示被评价对象从整体上看对v_j等级模糊子集的隶属程度。

（6）确定评价等级的加权向量V，并结合综合评价矩阵B得到最终综合评价值S。为了使上述一级模糊综合评价结果的优劣更易于区分，引入评价等级的加权向量V，根据已有的多数研究成果，本书的加权向

量设置为 $V=\{v_1(很满意), v_2(满意), v_3(一般), v_4(不满意), v_5(很不满意)\}=\{100, 80, 60, 40, 20\}$。

$$S = B \cdot V^T / \sum_{j=1}^{n} b_j = \begin{bmatrix} b_1 & b_2 & \cdots & b_j & \cdots & b_n \end{bmatrix} \cdot \begin{bmatrix} v_1 \\ v_2 \\ \vdots \\ v_j \\ \vdots \\ v_n \end{bmatrix} / \sum_{j=1}^{n} b_j = 某一数值$$

S即为最终评价结果，S值越大则表明用户的满意度越高。

上述过程是一级模糊综合评价法的具体步骤，对于多级模糊综合评价，在计算出单因素评价结果后，利用这一结果构成上一层次的模糊关系矩阵，计算上一层次因素的模糊综合，以此类推，由此自下而上逐层进行模糊综合评价，直至得到最终结果。本书采用二级模糊综合评价法对在线付费订阅用户的满意度进行评价。

（四）实证研究

1. 数据采集

本书采取问卷调查方式收集用户的评价数据，对知识付费平台付费订阅用户的满意度进行评价。通过问卷星平台发放问卷，将由问卷星生成的链接发送给作者所订阅的付费课程好友，通过朋友圈、好友微信、邮箱等方式进行发放。由于本研究的调查对象为有过在线付费订阅知识产品经历的用户，因此在问卷的开始设置了一道筛选题，"请问您是否有过线上付费订阅相关知识产品的经历"，通过该题目过滤掉没有付费订阅知识产品经历的用户。最后共得到有效问卷（删除了无效问卷后）250份。

被调查对象的基本信息统计情况，如表4-4所示。

表4-4 被调查对象基本信息统计

题项		数量	比例（%）
性别	男	85	34.0
	女	165	66.0
年龄	20岁及以下	50	20.0
	21~25岁	69	27.6
	26~30岁	35	14.0
	31~35岁	45	18.0
	36~45岁	41	16.4
	46岁及以上	10	4.0
职业	在校学生	106	42.4
	公务员/事业单位员工	33	13.2
	企业员工	96	38.4
	自由职业者	9	3.6
	其他	6	2.4
使用知识付费平台的时间	6个月以下	90	36.0
	6个月至1年	67	26.8
	1~3年	69	27.6
	3年以上	24	9.6

选定问卷中的用户满意度为模型的评价集，构建隶属度函数。采用隶属度函数转换的方法，将各指标对应的各个用户满意度水平下的人数比例作为各指标与评价集关系的代表，比如"平台安全性"为"满意"的比重="平台安全性"为"满意"的问卷数/有效问卷总数=111/250=0.444，这些数值构成的二级指标模糊隶属度评价表，如表4-5所示。

表4-5 二级指标模糊隶属度评价表

目标层	一级指标	二级指标	评价集合				
			很满意	满意	一般	不满意	很不满意
在线知识付费订阅用户满意度评价	互动质量 U_1	与知识供给方互动的便捷性 U_{11}	0.192	0.456	0.288	0.052	0.012
		与平台方互动的便捷性 U_{12}	0.180	0.424	0.312	0.068	0.016
		与知识供给方互动的响应性 U_{13}	0.168	0.340	0.408	0.068	0.016
		与平台方互动的响应性 U_{14}	0.156	0.392	0.368	0.060	0.024
		交互分享的友好性 U_{15}	0.168	0.388	0.348	0.076	0.020
	平台特征 U_2	界面友好性 U_{21}	0.220	0.568	0.184	0.020	0.008
		界面清晰性 U_{22}	0.252	0.576	0.140	0.024	0.008
		界面美观性 U_{23}	0.256	0.492	0.212	0.032	0.008
		平台稳定性 U_{24}	0.240	0.540	0.164	0.048	0.008
		平台安全性 U_{25}	0.204	0.444	0.284	0.060	0.008
		平台及时响应性 U_{26}	0.196	0.492	0.256	0.044	0.012
		付费方式多样化、简便性 U_{27}	0.300	0.496	0.172	0.024	0.008

续表

目标层	一级指标	二级指标	评价集合				
			很满意	满意	一般	不满意	很不满意
在线知识付费订阅用户满意度评价	内容质量 U_3	内容专业性 U_{31}	0.180	0.552	0.248	0.016	0.004
		内容系统性 U_{32}	0.200	0.488	0.284	0.020	0.008
		内容丰富性 U_{33}	0.196	0.568	0.208	0.020	0.008
		内容新颖性 U_{34}	0.196	0.504	0.264	0.028	0.008
		物有所值 U_{35}	0.180	0.488	0.280	0.048	0.004
		需求满足度 U_{36}	0.180	0.516	0.252	0.040	0.012
		期望符合度 U_{37}	0.156	0.492	0.292	0.056	0.004
	服务质量 U_4	服务的人性化 U_{41}	0.176	0.512	0.272	0.036	0.004
		服务的个性化 U_{42}	0.132	0.452	0.336	0.076	0.004
		服务的创新性 U_{43}	0.148	0.464	0.324	0.056	0.008
		服务态度 U_{44}	0.176	0.576	0.200	0.036	0.012
		强化参与性 U_{45}	0.164	0.456	0.292	0.084	0.004

2. 权重确定

如上所述，本书采用层次分析法来确定各指标的权重，具体过程如下：邀请2位平台方的人员、2位知识供给方的人员、6位资深的知识付费平台用户组成一个评价小组，利用问卷调查的方式，要求评价小组成员按照九级标度法构建判断矩阵（共5个判断矩阵），在收集相关数据后，运用yaahp软件进行权重计算和一致性检验，结果为所有的判断矩阵均通过了一致性检验，最终确定了各个层次指标的权重以及各指标相对于总目标的权重，相关数据及结果如表4-6至表4-11所示。

表4-6 判断矩阵U及其相对权重向量

U	U_1	U_2	U_3	U_4	W	一致性检验
U_1	1	2	1/4	1/2	0.1377	
U_2	1/2	1	1/5	1/3	0.0838	CR=0.0191
U_3	4	5	1	3	0.5462	（<0.1）
U_4	2	3	1/3	1	0.2323	

表4-7 判断矩阵U_1及其相对权重向量

U_1	U_{11}	U_{12}	U_{13}	U_{14}	U_{15}	W_1	一致性检验
U_{11}	1	3	1	1	3	0.2803	
U_{12}	1/3	1	1/3	1	3	0.1472	
U_{13}	1	3	1	2	3	0.3145	CR=0.0426
U_{14}	1	1	1/2	1	2	0.1778	（<0.1）
U_{15}	1/3	1/3	1/3	1/2	1	0.0802	

表4-8 判断矩阵U_2及其相对权重向量

U_2	U_{21}	U_{22}	U_{23}	U_{24}	U_{25}	U_{26}	U_{27}	W_2	一致性检验
U_{21}	1	1	1	1/4	1/4	1/4	3	0.0730	
U_{22}	1	1	1	1/4	1/4	1/4	3	0.0730	CR=0.0321
U_{23}	1	1	1	1/4	1/4	1/4	1	0.0604	（<0.1）
U_{24}	4	4	4	1	1/2	1/2	3	0.1976	

续表

U_2	U_{21}	U_{22}	U_{23}	U_{24}	U_{25}	U_{26}	U_{27}	W_2	一致性检验
U_{25}	4	4	4	2	1	1	5	0.2752	CR=0.0321（<0.1）
U_{26}	4	4	4	2	1	1	5	0.2752	
U_{27}	1/3	1/3	1	1/3	1/5	1/5	1	0.0455	

表4-9 判断矩阵U_3及其相对权重向量

U_3	U_{31}	U_{32}	U_{33}	U_{34}	U_{35}	U_{36}	U_{37}	W_3	一致性检验
U_{31}	1	1	4	4	1	1/3	1/3	0.1210	CR=0.0198（<0.1）
U_{32}	1	1	3	3	1	1/3	1/3	0.1096	
U_{33}	1/4	1/3	1	1	1/4	1/5	1/5	0.0408	
U_{34}	1/4	1/3	1	1	1/4	1/5	1/5	0.0408	
U_{35}	1	1	4	4	1	1/3	1/3	0.1210	
U_{36}	3	3	5	5	3	1	1	0.2834	
U_{37}	3	3	5	5	3	1	1	0.2834	

表4-10 判断矩阵U_4及其相对权重向量

U_4	U_{41}	U_{42}	U_{43}	U_{44}	U_{45}	W_4	一致性检验
U_{41}	1	1	3	1/3	2	0.1889	CR=0.0354（<0.1）
U_{42}	1	1	3	1/3	2	0.1889	
U_{43}	1/3	1/3	1	1/4	1/3	0.0663	
U_{44}	3	3	4	1	3	0.4283	
U_{45}	1/2	1/2	3	1/3	1	0.1276	

表4-11 在线知识付费订阅用户满意度评价指标权重

目标层	一级指标	权重	二级指标	权重	合成权重
在线知识付费订阅用户满意度评价	互动质量U_1	0.1377	与知识供给方互动的便捷性U_{11}	0.2803	0.0386
			与平台方互动的便捷性U_{12}	0.1472	0.0203
			与知识供给方互动的响应性U_{13}	0.3145	0.0433
			与平台方互动的响应性U_{14}	0.1778	0.0245
			交互分享的友好性U_{15}	0.0802	0.0110
	平台特征U_2	0.0838	界面友好性U_{21}	0.0730	0.0061
			界面清晰性U_{22}	0.0730	0.0061
			界面美观性U_{23}	0.0604	0.0051
			平台稳定性U_{24}	0.1976	0.0165
			平台安全性U_{25}	0.2752	0.0231
			平台及时响应性U_{26}	0.2752	0.0231
			付费方式多样化、简便性U_{27}	0.0455	0.0038
	内容质量U_3	0.5462	内容专业性U_{31}	0.1210	0.0661
			内容系统性U_{32}	0.1096	0.0599
			内容丰富性U_{33}	0.0408	0.0223
			内容新颖性U_{34}	0.0408	0.0223
			物有所值U_{35}	0.1210	0.0661
			需求满足度U_{36}	0.2834	0.1548
			期望符合度U_{37}	0.2834	0.1548

续表

目标层	一级指标	权重	二级指标	权重	合成权重
在线知识付费订阅用户满意度评价	服务质量U_4	0.2323	服务的人性化U_{41}	0.1889	0.0439
			服务的个性化U_{42}	0.1889	0.0439
			服务的创新性U_{43}	0.0663	0.0154
			服务态度U_{44}	0.4283	0.0995
			强化参与性U_{45}	0.1276	0.0296

3.综合评价

根据模糊综合评价的原理，结合模糊权重集，可以得到互动质量满意度评价的模糊综合评价矩阵B_1，即

$$B_1 = W_1 \cdot R_1 = [0.2803 \times 0.1472 \quad 0.3145 \quad 0.1778 \quad 0.0802] \cdot \begin{bmatrix} 0.192 & 0.456 & 0.288 & 0.052 & 0.012 \\ 0.180 & 0.424 & 0.312 & 0.068 & 0.016 \\ 0.168 & 0.340 & 0.408 & 0.068 & 0.016 \\ 0.156 & 0.392 & 0.368 & 0.060 & 0.024 \\ 0.168 & 0.388 & 0.348 & 0.076 & 0.020 \end{bmatrix}$$

$$= [0.1744 \quad 0.3980 \quad 0.3483 \quad 0.0627 \quad 0.0166]$$

同理可得，关于互动质量、平台特征、内容质量、服务质量的模糊综合评价信息矩阵$B_{4 \times 5}$，即

$$B_{4 \times 5} = \begin{bmatrix} 0.1744 & 0.3980 & 0.3483 & 0.0627 & 0.0166 \\ 0.2211 & 0.5001 & 0.2253 & 0.0443 & 0.0091 \\ 0.1767 & 0.5087 & 0.2684 & 0.0391 & 0.0070 \\ 0.1643 & 0.5177 & 0.2593 & 0.0510 & 0.0077 \end{bmatrix}$$

由模糊综合评价信息矩阵$B_{4 \times 5}$，结合互动质量、平台特征、内容质量、服务质量的相应权重，可以得到二级模糊综合评价矩阵B，即

$$B = W \cdot R_{4\times 5} = \begin{bmatrix} 0.1377 & 0.0838 & 0.5462 & 0.2323 \end{bmatrix} \cdot \begin{bmatrix} 0.1744 & 0.3980 & 0.3483 & 0.0627 & 0.0166 \\ 0.2211 & 0.5001 & 0.2253 & 0.0443 & 0.0091 \\ 0.1767 & 0.5087 & 0.2684 & 0.0391 & 0.0070 \\ 0.1643 & 0.5177 & 0.2593 & 0.0510 & 0.0077 \end{bmatrix}$$

$$= \begin{bmatrix} 0.1772 & 0.4948 & 0.2737 & 0.0455 & 0.0087 \end{bmatrix}$$

引入加权向量 V, 便可得到在线知识付费订阅用户满意度指标的模糊综合评价的最终综合评价值 S, 即

$$S = B \cdot V^T / \sum_{j=1}^{n} b_j = \begin{bmatrix} 0.1772 & 0.4948 & 0.2737 & 0.0455 & 0.0087 \end{bmatrix} \cdot \begin{bmatrix} 100 \\ 80 \\ 60 \\ 40 \\ 20 \end{bmatrix} / \sum_{j=1}^{n} b_j = 75.72$$

(五) 结果分析与建议

1. 结果分析

对于知识付费平台用户满意度评价的研究，其结果分析如下。

（1）运用层次分析法计算得到的各指标权重（见表4-11）。一级指标的权重分别为互动质量0.1377，平台特征0.0838，内容质量0.5462，服务质量0.2323。由此可见，用户比较看重内容质量，其次是服务质量和互动质量，平台特征排到了最后。可能的原因如下：首先，站在知识付费平台方或知识供给方的角度，内容是其与用户互动和提供服务的基础，好的内容能够引起用户的共鸣，因此提升内容的品质很重要，但也不应忽视服务，也就是以内容为内核，以服务为主打（方军，2018）。站在用户的角度，用户首先会看重内容，其次为服务，服务具有催化剂的作用，好的服务能够帮助用户更好地去了解付费知识产品，享受学习。同样地，服务也能为平台创建良好的口碑形象。其次，互动质量也会影响用户满意度，不管是平台方还是知识供给方，用户与其的互动以及用户之间的交流沟通，都会影响用户的满意度，这种良好的互动氛围

和机会能够促使用户跟紧课程，提高完课率，这也是平台方或知识供给方今后需要重点加强的方面。最后是平台特征，相对于其他指标而言，这一指标对用户满意度的影响较低。因为一门课程或一个训练营往往要持续一段时间，在付费订阅用户使用习惯之后，平台的特征，诸如稳定性、安全性及界面设计方面的特征对用户满意度的影响会相对降低。

（2）方案层指标中，涉及"内容质量"评价方面的"需求满足度""期望符合度"指标的相对重要程度更高（见表4-11）。这说明互联网知识经济时代，用户越来越务实，越来越重视付费知识产品的实际需求满足程度以及追求期望与实际的符合程度，与之前"赶时髦"的知识消费行为大有不同。涉及"服务质量"评价方面的"服务态度"指标的相对重要程度更高（见表4-11），这说明不管是平台方还是知识供给方，其服务态度都会直接影响用户满意度。

（3）根据模糊综合评价信息矩阵 $B_{4\times5}$ 可以发现，对互动质量的评价中，评价为"满意"和"一般"的隶属度较高，评价为"不满意"和"很不满意"的隶属度较低，总体上知识付费订阅用户的满意度评价为"满意"，其他同层级指标的评价类似。

（4）根据二级模糊综合评价矩阵 B 可以发现，评价为"很满意"的隶属度为0.1772，评价为"满意"的隶属度为0.4948，评价为"一般"的隶属度为0.2737，评价为"不满意"的隶属度为0.0455，评价为"很不满意"的隶属度为0.0087。由此可见，在线付费订阅用户的总体满意度较高。

（5）基于层次分析法和模糊综合评价法计算得到的在线付费订阅用户满意度总评分为75.72，位于"一般"和"满意"之间，接近"满意"的下限，因此用户满意度有一定的提升空间。

2. 建议

为了提升在线付费订阅用户的满意度，知识付费平台可以根据得出的指标权重以及用户对各指标满意度的评价结果，采取有针对性的提升措施。

（1）提高内容质量的建议。

关于知识付费平台提高内容质量，提出如下建议。

①知识付费平台要持续完善知识筛选和评价机制，加强对付费订阅用户的细化分类，帮助用户分析和认清自身的知识盲点，建立有针对性的筛选标准（金鑫，2021），区分具有不同知识基础的消费者，以确保潜在付费订阅用户能够在付费之前清晰地了解付费学习后可能达到的效果，从而对知识供给方和平台方形成合理预期，并保证这种预期得以实现，进而提高付费订阅用户对知识付费平台与知识供给方的信任感和忠诚度（袁荣俭，2018）。

②根据互联网内容的传播特征和形成的最终效果，知识付费平台需要进一步对知识产品进行细分并形成推荐机制和匹配机制（袁荣俭，2018），确保用户能够在最短的时间内检索、筛选确定甚至直接找到适合的、能够最大限度满足自身需求的付费知识产品（刘友芝，2018）。这就需要平台方和知识供给方深谙场景化运营的重要性，提高付费知识产品的用户使用效果。

③完善知识付费平台和知识供给方之间合作创造知识产品的机制，激励并协助知识供给方形成个人品牌，确保产出知识的专业性、系统性、场景化和新颖性，这就需要平台方和知识供给方了解市场趋势，洞察用户需求，深耕内容，将知识设计成有用户价值、商业价值的产品，并根据用户需求及反馈，及时快速进行产品迭代，提升用户满意度。

④借鉴出版社的内容生产经验，加大对精品内容的联合开发力度，不断探索出版社与知识付费行业的联动机制，提高知识产品内容质量（金鑫，2021）。

（2）提高服务质量的建议。

知识付费平台可以采取以下措施提高服务质量。

①合理确定付费知识产品中内容和服务的比重。坚持以内容为内核，以服务为主打。当然，对于付费订阅用户而言，内容依然是第一位的，但是在内容相差不大的前提下，服务自然成为用户关注的重点。

②改善服务提供方的态度。虽然线上知识产品消费相对于线下实际场景中的产品购买，服务的提供方式发生了变化，但用户从开始关注并最终付费购买乃至付费后的阶段，服务提供方的服务会贯穿始终，其服务态度会直接影响用户的满意度和持续付费意愿。因此，知识付费平台要针对知识生产者建立良好的激励机制和评价反馈机制，促使知识供给方参与到知识社群的维护中，与平台方共同以良好的服务态度增强用户的体验和使用效果（袁荣俭，2018）。

③提升服务的个性化和人性化程度。对知识付费平台老用户和新体验用户展开调研，针对不同职业、不同需求、不同目的的用户分门别类地提供个性化服务（杨少梅等，2019），依靠智能技术升级深入辨别用户的生活场景，借助平台内的专业人员为用户提供个性化的服务（刘友芝，2018）；同时转变思路，改善服务的提供方式，比如有的知识付费平台推出免费试听、免费体验等服务，体现了服务的人性化，使用户在使用平台时感到舒适自然，提高了用户的留存率。

④制定相应的强化用户参与的机制。平台方可以采取多种措施鼓励用户参与，比如针对全勤学员设置相应的奖励，针对课程打开率较低的用户定期推送课程更新提醒，等等，激励用户提高完课率，用产品塑造用户的习惯，进而提升其满意度。通过上述多元化渠道提升服务质量，提高用户的留存率和活跃度，正如刘友芝所指出的，知识付费平台应抓住用户痛点，为用户提供包含知识载体以及知识产品购买前、中、后的一系列知识服务在内的完整的动态知识付费产品（刘友芝，2018）。

（3）提升互动质量的策略。

知识付费平台可以采取以下措施提升互动质量。

①知识付费平台方要鼓励知识供给方积极参与与用户的互动，及时梳理与响应用户反馈信息，积极回复用户提出的问题，发挥专业优势，这也是产品迭代提升的依据。

②知识付费平台要加强对用户问题的关注，简化用户反馈流程（杨少梅等，2019），为用户创造便捷的互动氛围。

③增加平台的社交元素，增强社群的互动性，鼓励用户在社群中多与其他学员交流学习体验或问题，成员之间的交流和讨论也有利于加深其对知识的理解，增强知识的针对性，将知识真正内化为用户自身的知识（金鑫，2021），提高知识的转化效果，更好地满足用户的需求。

（4）平台特征方面的完善策略。

平台特征在用户满意度评价指标体系中所占权重最小，依据最大隶属度原则，其用户满意度评价为"满意"（隶属度为0.5001），且高于其他等级。因此，可以针对新老用户对平台特征方面的反馈信息进行提升。

二、基于感知价值视角的用户持续付费意愿研究

随着我国知识付费行业规模的不断扩大、用户深层次需求的不断变化以及用户群的迅速扩大，付费订阅用户知识付费体验差、黏性不够、复购意愿不高等问题日益凸显，影响了用户的持续付费意愿和行为，进而制约了知识付费平台的持续经营和高质量发展。厘清付费订阅用户在消费过程中的感知价值构成以及对用户满意度和持续付费意愿的影响路径成为解决这一矛盾的根本。

随着知识付费行业的不断发展，该领域的已有研究主要围绕知识付

费的影响因素、商业模式、网络生态及知识付费行业持续发展路径等方面展开（郭宇等，2021），研究聚焦于付费问答领域（Qi et al.，2019），针对付费订阅模式的相关研究很少。此外，当前各大知识付费平台之间的激烈竞争意味着平台企业需要进一步了解用户，精准锁定用户痛点、判断用户偏好，追求用户感知价值的最大化，进而提高用户满意度和忠诚度；然而针对特定模式，特别是知识付费领域中的付费订阅模式，厘清用户感知价值维度，并深度剖析感知价值、用户满意度和持续付费意愿（复购意愿）之间作用关系的相关研究几乎没有。为促进知识付费平台的可持续发展，有必要分析在线付费订阅用户的感知价值构成及其对用户满意度和持续付费意愿的影响机理，为知识付费平台建设和可持续发展提供有益借鉴和指导。

（一）文献综述与研究假设

1. 感知价值及其维度

"感知价值"是营销领域中的一个关键概念，是消费者比较感知收获和感知付出后对产品或服务效用的整体评估（Zeithaml，1988；Hsiao & Chen，2016）。前文已对感知价值进行了界定，即感知价值是交易中的利益（如信息质量、省钱、便利与享受）和牺牲（如费用、隐私风险与努力）之间的权衡（Shaw & Sergueeva，2019）。要提升产品价值，通常可通过增加产品收益或降低产品价格来实现；然而，将感知价值视为质量和价格之间的权衡就太简单了（Hsiao，2011），因为这并不能反映顾客感知价值的全部内容。价值包括质和量、主观因素和客观因素等，包括消费者体验的所有因素（Zeithaml，1988；Sánchez et al.，2006），对价值的这种界定体现了感知价值的主观性和多维性，因此许多学者开始丰富感知价值的维度，表4-12所示为感知价值的代表性维度。

表4-12 感知价值的代表性维度

数量	维度	文献来源
2	实用价值、享乐价值	Chaudhuri & Holbrook（2002） Chiu et al.（2014） Overby & Lee（2006） Lin et al.（2021）
3	社会价值、信息价值、情感价值 质量价值、情感价值、社会价值 产品价值、社交价值、体验价值	赵文军等（2017） 周涛等（2019） 刘征驰等（2018）
4	外在价值（包括经济价值与社会价值）和内在价值（包括利他价值与享乐价值） 情感价值、社会价值、质量/表现价值、价格价值 质量价值、社会价值、价格价值、收益价值 功利价值、社会价值、享乐价值、时间/努力	Holbrook（2006） Sweeney & Soutar（2001） 李武、许耀心、丛挺（2018） Yu & Huang（2022）
5	功能价值、社会价值、情感价值、认知价值、条件价值 金钱价值、社会价值、情感价值、功能价值、认知价值 社会价值、价格价值、内容价值、互动价值、界面设计价值	Sheth et al.（1991） Williams & Soutar（2009） 李武（2017）
6	设计价值、情感价值、功能价值、金钱价值、保证价值、社会价值 实用价值、情感价值、社会价值、感知控制和自由、金钱价值、用户的认知努力	Huang et al.（2019） Mohd-Any et al.（2014）
7	自我满足价值、审美价值、价格价值、声望价值、交易价值、享乐价值、质量价值	El-Adly（2019）

资料来源：根据相关文献整理得到。

由此可见，感知价值是一个多维复合型概念。当然，实际中也有学者根据研究侧重点从单一维度测量感知价值（Shaw & Sergueeva, 2019；张杨燚等，2018；Anderson & Srinivasan, 2003）。这也说明目前学者对感知价值的维度还未形成统一的认识。已有的研究情境既包括店内消费，也包括线上业务、移动营销、移动商务平台等情境，这些均为探索与扩展感知价值的维度奠定了坚实的基础。随着商业模式日趋复杂，消费者对价值的看法也出现了一定的差异。那么，在知识付费订阅情境下，用户感知价值维度的确定就变得很有必要，是否存在与已有研究不同的维度，尚未得知。基于此，本书探讨了在知识付费订阅情境下，在线付费订阅用户的感知价值包括哪些维度。

2. 感知价值与用户持续付费意愿

随着知识付费行业规模不断扩大，用户群变得更加强大、复杂且富有经验，逐渐能够确定其所需知识产品或服务的要素。用户价值最大化被普遍认为是企业的最终目标（Woodruff, 1997），其推动了用户忠诚度和持续付费意愿的提升（Mohd-Any et al., 2014），因此用户的感知价值对于知识付费平台企业的持续发展至关重要。换言之，用户在产品或服务中感知到的价值越高，就越有可能产生购买意愿（Ozturk et al., 2016；Ashraf et al., 2021）。已有研究表明，消费者是基于感知价值来判断收益和成本，并决定是否继续付费购买产品或服务的（Chiu et al., 2014）。如果消费者或用户的感知价值满足或超过其预期，他们将选择保持对产品或服务的忠诚，从而继续购买该产品或服务；而当消费者或用户的感知价值较低时，他们更倾向于将视角转向竞争企业，以增加感知价值，从而导致忠诚度下降（用户持续付费意愿降低）（Anderson & Srinivasan, 2003）。已有研究也验证了功利价值和享乐价值等感知价值对促进消费者满意度提升以及增加其购买行为的重要性（Lin et al., 2021；Lee et al., 2016；Peng et al., 2019）。此外，国内也有不少学者在有关知识付费领域实证检验了感知价值与用户使用意愿或持续参与/使用意愿之间的正向关系（张杨燚等，2018；李武等，2018；方爱华等，2018；孙金花等，2021），研究领域涉及问答平台、虚拟社区等。由此可以得知感知价值是各种情境下分析用户使用意愿或复购意愿的关键因素，但感知价值的不同维度是否同样影响付费订阅用户的持续付费意愿还有待进一步验证。基于此，本书提出如下假设。

假设1：在线付费订阅用户的感知价值正向影响其持续付费意愿。

3. 感知价值与用户满意度

一般来说，用户满意度的衡量分两种情况：一种是对某次特定交易的满意程度的感知，另一种是基于用户对知识付费平台方或知识提供者的总体评价形成的累积感知（Boulding et al.，1993）。Oliva等（1992）指出，随着时间的推移，从一系列交易中获得的累积满意度将建立起用户对供应商的独特价值理念，从而对用户复购意图产生积极影响。因此，通过累积的观点，用户满意度可被定义为一种基于用户对之前与平台互动所产生的期望和体验的总体评价的情感回应，表现为用户的主观感受，如愉快或不愉快、满足或沮丧等（Oliver，1997；Wang et al.，2019）。一般地，学者倾向于将用户满意度看成一个单一维度的构念，用来衡量消费者（或用户）对服务机构的整体满意度。作为对服务机构的所有互动和接触点的综合判断的结果，满意度是用户在一段时间内形成的对服务机构的整体印象（Ei-Adly，2019）。基于此，本章也将用户满意度视为一个单一维度的构念，是用户在与知识付费平台方和知识供给方互动的整个过程中对有关知识产品、服务等的总体印象。

值得注意的是，感知价值与用户满意度不同，感知价值可以发生在产品或服务购买的任何阶段（Woodruff，1997），而用户满意度普遍出现在产品或服务的购后阶段或使用后的评价阶段（Oliver，1981）。当然，用户满意度也可以体现为用户在购买或使用产品或服务过程中的认知和情感满足状态。当产品或服务满足了用户的需求，或者用户的预期与实际使用所得到的产品或服务体验之间无差别时，他们会感到满意。也就是说，用户满意是用户对所得到的价值感知的结果（Cronin et al.，2000）。感知价值重在认知，而用户满意度重在情感。感知价值对用户满意度的影响也有实证支持（Lam et al.，2004；Yang & Peterson，2004）。基于此，本书提出如下假设。

假设2：在线付费订阅用户的感知价值正向影响其满意度。

4. 用户满意度与其持续付费意愿

Recker（2010）的研究表明，用户满意度来源于个体期望与产品或服务实际表现之间的差异，高水平的用户满意度很可能增强个体再次购买产品或服务的倾向性。当用户初次参与知识付费后，会对知识付费平台、付费产品或服务的价值、参与体验等形成自己的认知。如果用户在这个过程中体验到了产品或服务或平台带来的高价值，那么这种体验就会影响到用户随后做出的持续付费决策（Lin et al.，2021；Lee & Charles，2021）。用户的持续付费决策对知识付费平台的可持续发展至关重要，因为获取新客户的成本比留住老客户的成本要高很多（Reichheld，1996）。相对于用户的初次尝试付费，用户的持续使用行为更加重要，它体现了用户对整个知识付费产品或服务的使用过程、使用经历的整体评价，并由此影响用户做出满意与否、是否会持续付费或者推荐给其他人使用等决策行为（Wang et al.，2019）。有研究发现，用户对信息技术的持续使用意愿在一定程度上是由情感或情感响应（比如用户满意度）所促成的（De Guinea & Markus，2009）。Bhattcherjee（2001）的研究也指出，用户满意度是用户持续使用意向的直接前因，因为它能够反映用户的初次使用经历感知是与其最初的期望一致，还是高于或低于其最初期望。若是前两者，会显著影响用户的满意度和持续使用意向。基于此，本书提出如下假设。

假设3：在线知识付费订阅用户的满意度正向影响其持续付费意愿。

5.用户满意度的中介作用

已有研究支持了感知价值和用户满意度是行为意图的重要前因（Petrick，2004；Chen & Tsai，2007）。比如，Sheth等（1991）指出感知价值会影响用户的购买意愿。近来学者将视角转向分析感知价值对顾客的满意度和复购意愿的影响（Chiu et al.，2014；Zhang et al.，2017），结果也验证了感知价值对顾客的满意度或复购意愿的正向影响（Hsiao，2011；Chiu et al.，2014；Park et al.，2006；Chang et al.，2014；Hamid & Suzianti，2020；Ramseook-Munhurrun et al.，2015）。这说明感知价值是影响用户付费意愿或复购意愿的一个关键因素（Hsiao，2011；Liu et al.，2021；Zhou et al.，2022）。用户满意度在其中发挥中介作用，当用户获得高价值的产品或服务时，体验到了相应的高价值，如内容价值、情感价值等，他们会有一种满足感，并产生更强的复购意愿（Lalicic & Weismayer，2021）。Polites和Karahanna（2012）指出，当个人对正在进行的行为感到满意时，会倾向于继续执行该行为，以减少面对不希望的停止后果的风险。一些学者也将用户满意度作为中间变量进行研究（朱祖平和张丽平，2020；赵保国和姚瑶，2017）。基于此，本书提出如下假设。

假设4：在线付费订阅用户的满意度在感知价值和持续付费意愿中发挥中介作用。

（二）研究设计与数据收集

本书采用以问卷调查为主、焦点小组访谈为辅的研究方法，调查与访谈对象为有过线上付费订阅相关知识产品或服务经历的用户。

1. 焦点小组访谈

在设计问卷之前，本书进行了焦点小组访谈，选取有过线上付费订阅相关知识产品或服务经历的12名用户为访谈对象，访谈内容为：对付费订阅的知识产品或服务的看法，在学习过程中遇到的问题，学习效果，用户满意度，用户持续付费的意向以及对感知价值的维度的看法，访谈时间为80分钟。起初，小组成员对参与价值和互动价值争论不休，对体验价值和情感价值也有不同看法。后经一段时间的商讨，结合Sweeney和Soutar（2001）的理论，基于研究对象的特征，对感知价值维度进行如下划分：质量价值涉及用户参与线上付费订阅行为带来的内容质量价值和参与质量价值。其中，内容质量价值是指付费订阅的知识产品或服务在内容提供方面的感知效用，包括内容的专业化、系统化、符合预期及满足需求方面给用户带来的价值感知；而参与质量价值是指用户付费订阅知识产品或服务后，由于平台方或知识供给方采取的引导用户行动、强化用户参与感的措施以及用户自身的投入（包括时间、精力、努力等）而获得的感知效用，即通过用户参与所获得的感知效用，包括收获高质量服务，塑造学习习惯，等等。本书采用质量价值作为第一个感知价值维度，并明确其由内容质量价值和参与质量价值组成。对于体验价值和情感价值而言，二者内容接近，概念也很容易混淆，本书认为，体验价值的概念范围更广一些，可能会与其他维度有交叉，因此在本书中仍然使用情感价值的概念，并将其定义为"付费订阅知识产品以及使用该知识产品给用户带来的情感状态方面的效用"。对于价格价值，小组成员认为，一方面，价格对于用户初次付费订阅的影响较为明显，而如果付费订阅用户的初次体验较好，在复购时其价格容忍度就会相应变大；另一方面，由于移动支付的普及，人们支付的似乎不再是金钱而是"数字"，导致消费者对价格的敏感度也在降低。考虑到上述两方面原因，小组成员认为本研究可以不考虑价格价值。社会价值不变，最终本研究将感知价值划分为三个方面，即质量价值、社会价值和情感价值。

2. 问卷预测试和模型确定

在焦点小组访谈之后，本书初步设计了调查问卷，邀请有过在线付费订阅知识产品或服务经历的用户参与预调研，根据试填结果对问卷的内容和格式进行了修改完善，最后得到正式调查问卷。上述研究假设1、假设2和假设4也相应地细化为下列三组假设。

H1：在线付费订阅用户的感知质量价值（H1a）、社会价值（H1b）、情感价值（H1c）正向影响其持续付费意愿。

H2：在线付费订阅用户的感知质量价值（H2a）、社会价值（H2b）、情感价值（H2c）正向影响其满意度。

H4：在线付费订阅用户的满意度在感知质量价值（H4a）、社会价值（H4b）、情感价值（H4c）和持续付费意愿中发挥中介作用。

3. 正式问卷调查和变量测量

正式问卷通过问卷星平台进行发放，将由问卷星生成的链接发送到作者所订阅的付费课程好友中，通过朋友圈、好友微信、邮箱方式进行发放，共收到问卷320份，其中有过付费订阅经历的用户有300份，有效问卷252份，问卷有效率为84%。

本书共包括5个潜在变量，分别为质量价值、社会价值、情感价值、用户满意度、持续付费意愿。其中多数变量的测度是参考国内外已有的成熟量表，并结合研究对象的特性，加以修改完善，以确保相当的内容效度。其中，社会价值量表、情感价值量表主要参考Sweeney和Soutar（2001）的研究，同时参考了Chang（2015）的研究；质量价值量表是基于焦点小组访谈得到的。其中内容质量价值量表包括4个题项，参与质量价值量表包括3个题项。用户满意度和持续付费意愿量表则主要参考了Wang等（2019）、Wang（2008）、Bhattacherjee（2001）的研究。所有的测量条款均采用Likert-7（李克特七级评分）量表形式，其中"1"表示"完全反对"，"4"表示"无意见"，"7"表示"完全同意"，以此类推。

关于控制变量，已有研究表明，被调查者的性别、年龄、职业、学历、平均每月可支配收入、使用知识付费平台的时间均会对用户满意度和持续付费意愿产生影响（李偲和沈超海，2022；李武等，2018），为排除这些变量的影响，本书将其作为控制变量纳入回归方程中进行分析。为了简化研究，本书就控制变量对中介变量和结果变量影响的显著性进行了单因素方差分析。结果显示，学历、年龄、职业对用户满意度和持续付费意愿没有显著影响（$p > 0.05$），因此后文不再将其纳入控制变量进行研究。最终控制变量为"性别""平均每月可支配收入""使用知识付费平台的时间"。

（三）数据分析及结果

1. 样本构成

本书共收集到有效问卷252份，被调查样本的基本信息如表4-13所示。

表4-13 样本构成（N=252）

	题项	数量	百分比（%）
性别	男	88	34.9
	女	164	65.1
年龄	18岁以下	1	0.4
	18~25岁	115	45.6
	26~35岁	76	30.2
	36~45岁	36	14.3
	45岁以上	24	9.5

续表

	题项	数量	百分比（%）
职业	在校学生	113	44.8
	公务员/事业单位员工	69	27.4
	企业员工	62	24.6
	自由职业者	4	1.6
	其他	4	1.6
学历	高中及以下	1	0.4
	专科	10	4.0
	本科	155	61.5
	硕士及以上	86	34.1
平均每月可支配收入	1500元以下	70	27.8
	1501~3000元	45	17.9
	3001~5000元	58	23.0
	5001~8000元	48	19.0
	8000元以上	31	12.3
使用知识付费平台的时间	1年以内	106	42.1
	1~2年	60	23.8
	3~4年	67	26.6
	4年以上	19	7.5

被调查者使用过的知识付费平台中，最多的是喜马拉雅（50.8%），其次是知乎（44.8%）。被调查者可能付费订阅的知识类型中，选择技能类、经验类、智识类知识的付费订阅用户占比分别为72.6%、38.1%、55.6%。

2. 共同方法偏差检测

虽然本书事先在调查过程中采取了一系列控制共同方法偏差的措施，如调整题项顺序，保证匿名性，不同时段答题，等等，但是由于问卷数据来自单一被试，不可避免存在共同方法偏差，因此本书参照Podsakoff等（2003）、杨学成和涂科（2018）的研究，采用Harman的单因子检验和潜变量相关系数检验对数据进行共同方法偏差检测。探索性因子分析结果显示，第一个未旋转因子的方差解释率未超过50%（Podsakoff & Organ，1986），说明研究数据不存在显著的共同方法偏差。此外，表4-14中的潜变量之间的Pearson（皮尔逊）相关系数值为0.282~0.719，均小于0.9，也说明研究数据没有显著的共同方法偏差。因此，结合以上两种检验方法结果可知，本研究数据受共同方法偏差影响处在可接受范围内。

表4-14 核心变量之间的Pearson相关系数

变量	均值	标准差	1	2	3	4	5
1.质量价值	5.264	0.724	1.000				
2.社会价值	4.911	1.208	0.481***	1.000			
3.情感价值	5.186	1.027	0.630***	0.618***	1.000		
4.用户满意度	4.610	0.946	0.440***	0.282***	0.542***	1.000	
5.持续付费意愿	5.258	1.012	0.585***	0.591***	0.719***	0.515***	1.000

注：*** 表示 $p<0.001$。

3. 信度与效度分析

本书使用 SPSS 26.0 对量表的信度进行检验，指标采用 Cronbach's α 系数，通过表 4-15 可知，各量表的 Cronbach's α 系数值为 0.879~0.935，均大于 0.8，说明本书采用的问卷均具有高信度；同时，本书各变量的 KMO 值均在 0.7 以上，巴特利特球形检验的 x^2 统计值具有统计意义上的显著性，并且各题项的载荷系数均大于 0.50，说明各题项与指标设计时的变量结构基本一致，可以将各题项按照预先设计收缩为相应的因子，也说明本书所构建的模型中，各变量的内部测度题项具有相当的构念效度。

表 4-15 问卷信度和效度分析

变量	测量内容	题项	Cronbach's α系数	KMO	因子载荷
质量价值	付费知识的内容专业化	QV1	0.879	0.859	0.680
	付费知识的内容系统化	QV2			0.638
	付费知识的内容符合我的预期	QV3			0.791
	付费知识的内容能够满足我的需求	QV4			0.797
	通过参与，有助于我收获高质量的服务	QV5			0.660
	通过参与，有助于我养成良好的学习习惯	QV6			0.643
	我欣赏该KPP推出的鼓励用户参与的机制	QV7			0.550
社会价值	在该KPP上付费订阅的知识能够提升我在他人心中的形象	SV1	0.935	0.768	0.865
	在该KPP上付费订阅的知识让我在朋友中更受欢迎	SV2			0.864

续表

变量	测量内容	题项	Cronbach's α系数	KMO	因子载荷
社会价值	在该KPP上付费订阅的知识可以给我带来社会认同	SV3	0.935	0.768	0.844
情感价值	我很享受在该KPP上付费订阅知识产品	EV1	0.920	0.847	0.686
	在该KPP上付费订阅知识并使用让我感觉很好	EV2			0.666
	使用该KPP推出的付费订阅知识让我感到轻松愉悦	EV3			0.691
	使用该KPP带给我很多乐趣	EV4			0.705
用户满意度	我认为我做出的在该KPP上订阅知识产品的决定是正确的、精明的	SF1	0.912	0.728	0.830
	我对曾经在该KPP上订阅知识产品的经历感到满意	SF2			0.856
	总的来说，我对该KPP推出的订阅型知识产品很满意	SF3			0.887
持续付费意愿	我有继续在该KPP上付费订阅相关知识产品的意愿	CPW1	0.910	0.816	0.776
	如果重新选择，我还是会在该KPP上付费订阅知识产品	CPW2			0.724
	我会向身边的朋友推荐我使用过的这款KPP	CPW3			0.734
	未来我会继续在该KPP上保持甚至增加订阅知识产品的频率	CPW4			0.745

注：按照特征根大于1的原则和最大方差法正交旋转进行因子提取，KPP代表知识付费平台。

4. 层次回归分析

本研究采用以下方法进行层次回归分析。

（1）主效应检验。

本书采用层次回归分析法来检验模型中变量间的假设关系。将持续付费意愿作为因变量，在模型1中纳入"性别"等控制变量作为基础模型，在模型2中纳入"感知价值"变量，研究结果如表4-16所示。D-W检验（杜宾-瓦特森检验）输出值为1.664，处于合理区间内，说明无序列自相关问题。VIF（方差膨胀因子）最大值为2.168，远小于临界值，说明不存在严重多重共线性。模型2的结果表明质量价值、社会价值和情感价值对用户的持续付费意愿均有显著的正向作用（β分别为0.186、0.220、0.456，p值分别小于0.01、0.001、0.001），支持了假设H1a、H1b和H1c。

（2）中介效应检验。

为检验用户满意度的中介作用，构建模型3到模型6。模型3和模型4的因变量为持续付费意愿，模型5和模型6的因变量为用户满意度。层次回归分析结果如表4-16所示。模型3到模型6的D-W检验输出值范围为1.518~1.872，处于合理区间内，说明无序列自相关问题。VIF最大值为2.534，远小于临界值，说明不存在严重多重共线性。模型6显示，质量价值和情感价值显著正向影响用户满意度（β分别为0.214、0.481，p值分别小于0.01和0.001），而社会价值对用户满意度的正向影响不显著，假设H2a和H2c得到验证，假设H2b没有得到支持。模型3显示在基础模型上加入"用户满意度"变量后，R^2增加了0.264，模型解释力得到提高，且用户满意度显著正向影响用户持续付费意愿（β为0.521，p值小于0.001），支持了假设H3。比较模型2和模型4可以发现，增加"用户满意度"变量后，模型4中用户满意度对持续付费意愿存在显著正向影响（β为0.181，p值小于0.001），而此时质量价值和情感价值对持续付费意愿的回归系数 β 值分别从 0.186、0.456 下降到 0.148 和 0.369，但影响仍然显著（p 值分别小于 0.01 和 0.001）。这说明用户满意度在质量价值和情感价值与持续付费意愿之间起着部分中介作用，假设 H4a 和 H4c 得到了验证。

表4-16 层次回归分析结果

变量	持续付费意愿				用户满意度	
	模型1	模型2	模型3	模型4	模型5	模型6
性别	−0.143*	−0.022	−0.087	−0.021	−0.108	−0.004
平均每月可支配收入	0.152*	−0.026	0.220***	0.017	−0.131*	−0.239***
使用付费平台的时间	0.150*	0.067	0.094	0.063	0.107	0.023
质量价值		0.186**		0.148**		0.214**
社会价值		0.220***		0.228***		−0.047
情感价值		0.456***		0.369***		0.481***
用户满意度			0.521***	0.181***		
R^2	0.079	0.577	0.343	0.598	0.030	0.367
调整后的 R^2	0.068	0.567	0.332	0.587	0.019	0.351
F 值	7.105***	55.768***	32.202***	51.866***	2.589	23.666***
VIF 值（max）	1.081	2.168	1.099	2.534	1.081	2.168

注：*表示 $p<0.05$，**表示 $p<0.01$，***表示 $p<0.001$。

根据温忠麟和叶宝娟（2014）的中介效应检验流程，为进一步验证社会价值对持续付费意愿的影响中，用户满意度是否发挥中介作用，本书利用 SPSS 26.0 软件中的 process3.3 插件进行了进一步检验。根据 Hayes（2013）的建议，本书使用 Bootstrap 法，选择其中的模型4，样本数为5000，执行中介效应检验。判断标准是，当0不在95%置信区间内时，中介效应显著。由表4-17可知，首先，在社会价值对持续付费意愿的间接效应的95%置信区间[0.0446，0.1900]中不包含0，说明用户满意度在社会价值和持续付费意愿之间发挥的是部分中介作用，中介效应占比22.3%，假设H4b也得到了验证。质量价值、情感价值对持续付费意愿的间接效应的95%置信区间分别为[0.1153，0.3943]、[0.0462，0.2126]，均不包含0，也说明了用户满意度在质量价值、情感价值和持续付费意愿之间发挥部分中介作用，中介效应占比分别为30.1%、17.1%，与依次检验得到的结论一致。

表4-17 满意度的中介效应估计与检验

中介路径	间接效应值	标准误	95%置信区间 下限	95%置信区间 上限
质量价值→用户满意度→持续付费意愿	0.2325	0.0719	0.1153	0.3943
社会价值→用户满意度→持续付费意愿	0.1076	0.0374	0.0446	0.1900
情感价值→用户满意度→持续付费意愿	0.1172	0.0430	0.0462	0.2126

（四）结论与启示

1. 研究发现与讨论

本章基于感知价值理论，采用问卷调查的方法，探讨了感知价值的不同维度对付费订阅用户的满意度及持续付费意愿的影响。研究发现，感知价值是影响用户满意度和持续付费意愿的一个关键因素。通过研究可以得到一些有价值的结论。

（1）在线付费订阅用户感知价值可以分为质量价值（包括内容质

量价值和参与质量价值)、社会价值和情感价值3个维度。这回答了前文提到的问题。质量价值、社会价值和情感价值对用户持续付费意愿均有显著正向影响,这与Lin等(2021)、周涛等(2019)、张杨燚等(2018)、李偲和沈超海(2022)的研究结论基本一致,即感知价值的增加可以显著增强用户的持续付费意愿。这表明增加用户对订阅型在线知识付费产品的价值感知可以提升他们的持续付费意愿。其中,情感价值对用户持续付费意愿的影响最大,然后是社会价值和质量价值。Sheth等(1991)指出,在感知价值的不同维度中,质量价值往往被视为影响用户决策的主要驱动因素,然而其他维度的感知价值在特定情境中也可能发挥重要作用。因此,相对于社会价值和质量价值,情感价值对用户持续购买决策的影响最大,原因可能在于用户在付费订阅知识产品或服务的过程中,轻松愉悦、乐趣、享受等自身体验感知对其持续购买决策产生了更大的影响。由于订阅型知识付费产品具有无形性,只有亲身体验并满意才可能做出持续购买的决策。这是一种与用户在社交互动的购物活动中产生的情感或精神反应相关的体验(Dedeoglu et al.,2018)。寻求情感价值的用户可以在付费订阅过程中体验到高度的愉悦和兴奋,从而帮助他们消除紧张和负面情绪,建立情感联系,并更多地享受在线知识付费产品或服务(Turel et al.,2010)。此外,与付费问答或付费打赏等"快餐式"消费模式不同(王雪莲等,2022),付费订阅往往有订阅期(服务期),这个时间可能是7天、21天甚至更长时间。在一定期限内,知识提供方或平台方与用户多次互动过程中,用户情感需求的满足对用户持续购买决策的影响最为直接,因此情感价值对持续付费意愿的影响最大。另外,在被调查者中,35岁以下的用户较多,年轻的用户群体通常有更多的休闲时间参与知识付费,对他们来说,享乐、愉悦等情感价值需求相对更强。

(2)Bootstrap法显示,在感知价值(质量价值、社会价值与情感价值）与持续付费意愿的关系中，用户满意度发挥部分中介作用。层次回归分析结果显示，质量价值和情感价值显著正向影响用户满意度，而社会价值与用户满意度的关系不显著。出现这种结果应该与所选方法有关。一般而言，检验中介效应时，依次检验方法的检验力低，不容易得到显著结果，而Bootstrap法的检验力高（温忠麟和叶宝娟，2014）。社会价值对用户满意度不存在预期作用，这与Turel等（2010）、李武（2017）的研究结论一致。这可能解释了在线知识付费订阅用户行为这一特定议题。付费订阅与其他知识付费形式不同，本书在对付费订阅用户深度访谈的过程中也发现，自2016年"知识付费元年"以来，很多人有过知识付费行为，特别是付费订阅知识产品行为，对于一些典型的知识付费平台也较为熟悉，因此与过去相比，很多人认为付费订阅知识产品或服务并不能起到提升自己在他人心中的形象或帮助自己得到社会认同的作用，因为付费订阅是个人的事情。换言之，通过付费订阅更可能提升自身的知识储备和技能，而非社会价值。

（3）用户满意度与持续付费意愿显著正相关，用户满意度在感知价值与持续付费意愿中发挥部分中介作用。这与Wang等（2019）、Bhattcherjee（2001）等的研究基本一致。用户感知到的价值越大，即当平台或知识提供方或产品和服务带来的质量价值、社会价值和情感价值满足或超过用户的预期时，用户的满意度较高，也就更有可能持续付费（Lee et al., 2016；Peng et al., 2019）。用户满意度是持续付费意愿的最重要的前因之一（Overby & Lee, 2006）。"认知-情感-意动"框架表明，人们的行为意图是由其情感状态驱动的，如态度、满意度和情绪（Hilgard, 1980）。这与本书的研究结论一致，即情感价值和用户满意度都是影响用户持续付费意愿的关键因素。持续付费意愿代表了用户继续从同一卖家购买产品的主观频率，反映了用户对产品、服务或平台的认可度、满意度和忠诚度（Chiu et al., 2014）。与潜在用户不同，持续付费的用户由于之前的付费经历，对平台提供的产品或服务有更好的理解和客观的评价（Kim & Gupta，2009）。在这个过程中，用户会对平台或产品有更深入的了解。当初次购买给用户留下了深刻的印象，并且用户体验到产品或平台带来的高价值时，就会促使其产生更高的满意度和忠诚度（Lee & Charles，2021）。只有在用户满意且达到一定程度时，他才会考虑继续从知识付费平台上订阅产品或服务。这也提醒各大知识付费平台要从提高用户满意度出发，将用户感知到的价值效用转化为用户的满意度，这种做法将使知识付费平台有更大的可持续的竞争优势。也就是说，用户在知识付费平台上的持续付费意愿越强，平台的盈利能力越强，越能够获得持续的竞争优势，这对于企业的持续经营和高质量发展具有经济和实践价值（Lin et al.，2021；Ou et al.，2014）。

2. 研究贡献

本研究对在线知识付费平台用户付费订阅的相关研究提供了理论指导，为知识付费平台的可持续发展提出了管理启示。

（1）理论价值。

结合在线知识付费平台用户付费订阅这一议题，阐述了在线知识付费行业的发展现状，在相关概念界定及分析的基础上，利用焦点小组访谈确定了感知价值的具体维度，包括质量价值、社会价值和情感价值，扩展了感知价值的应用场景。梳理了感知价值、用户满意度与持续付费意愿之间的关系，得出了用户满意度在感知价值与持续付费意愿之间发挥部分中介作用的结论，丰富了已有研究中关于知识付费、感知价值的理论成果，为进一步展开相关研究提供了理论指导。

（2）管理启示。

本研究验证了感知价值、用户满意度与付费订阅用户持续付费意愿之间的关系，在一定程度上弥补了知识付费平台普遍缺乏用户满意度或使用后效果评价的不足，为知识付费平台在用户付费订阅后的效果评价，提高用户的黏性、信任度和忠诚度，建立持续有效的知识内容与用户的后期服务机制以及平台建设和优化等方面提供了思路和借鉴。

在实践中，知识付费平台要注重并提升用户的价值感知。付费订阅用户的付费动机在于通过参与价值共创，获取相应的知识产品或服务以满足自身效用。因而作为平台方，可通过如下方式提升用户价值：一是采用数字技术助力用户价值提升。随着数字技术的不断发展，可依托算法对用户进行建模，构建用户知识付费全景画像，实现与用户知识需求精准适配。此外，还可以通过算法实现付费知识产品或服务的精准推送，锁定用户痛点、判断用户偏好、捕获用户隐含行为模式，进而提升用户的消费体验，增加用户黏性，强化复购意愿。二是倾力打造"内容＋服务"模式，为用户提供全方位的安心服务保障（宋扬，2019）。具体而言，一方面，注重长期陪伴式学习，帮助用户形成学习习惯。比如，可积极开辟学习与交流专区，通过构建互动社群建立情感连接，培养无缝信任感，营造专属社群文化氛围。另一方面，针对知识生产者建立良好的激励机制和评价反馈机制，促使知识供给方参与到知识社群的维护中来，与平台方共同以良好的服务态度增强用户的情感体验和使用效果。三是深耕付费内容，严把付费内容关。一方面，通过提高知识生产者门槛，不断创新内容，保证持续输出高质量的知识内容；同时，完善内容的细分、筛选、审核和评价流程，提高把关能力和甄别精度。另一方面，针对用户在学习过程中呈现出多样化需求及期望的特征，知识付费平台应融入定制化、个性化、分众化的知识，力求内容的独特性、趣味性和精细性，这对提升用户的复购率大有裨益（郭宇等，2021）。四是合理控制用户预期。知识付费平台对于学习内容及学习结果的宣传应明确、具体、真实，为用户提供更明确的选择方向，合理控制用户对于缓解知识焦虑的预期水平，进而提升学习效果，提高用户满意度和持续付费意愿。五是抓住用户痛点，制定相应的强化用户参与的机制。平台方可以采取多种措施鼓励用户参与，比如针对全勤学员设置相应的奖励，针对课程打开率较低的用户定期推送课程更新提醒，等等（任丽丽和郑永武，2022），激励用户提高完课率，用产品塑造用户的学习习惯，进而提升其满意度和持续付费意愿。

三、知识付费平台用户"网络囤积"现象、原因及解决策略

当前，信息过剩、内容快速迭代、知识爆炸，一切都处在不确定之中，在一定程度上使人们感到恐慌与不安，于是出现"要掌握更多知识，要不断学习提升自己，否则就可能被时代淘汰"的焦虑心理。这是典型的知识焦虑症状，而知识付费平台企业因能帮助用户解决网络知识过载带来的知识焦虑等问题，受到了用户的高度关注，得到了极大发展；然而，目前知识消费者付费购买知识产品后，可能会存在付费订阅但不学习或忘记学习的情况，即存在"网络囤积症"（任丽丽等，2020）。

（一）"网络囤积症"的主要表现

最早的"囤积症"主要表现为实物囤积。在知识经济时代，"网络囤积"更为盛行（有时也被称为"数字囤积"〈李南南，2024〉），具体表现为用户为未来囤积各种信息、知识，关注各种微信公众号、服务号，下载各种知识付费平台App，付费购买各种线上课程，长时间在线，等等。多数用户有害怕失去、害怕错过的心态，因此不停地在线付费囤积各种课程，然而这种为未来囤积知识的欲望实际上早已超过了用户自身的实际需求。打开知识付费App，很多用户会发现自己囤积的讲座、课程或是会员权益并没有为其带来实际的价值，反而是自己在收集信息做出付费决策方面花费了大量的时间和精力，而这些知识囤积品也

只是其向他人炫耀或是自我安慰的方式。需要特别说明的是，本书研究的知识付费用户"网络囤积"行为是一种不利的知识过度囤积行为，目标导向性不够明确，此外，由于知识产品的独特性，其效果不确定性也较大。

知识付费平台用户的"网络囤积"行为，表面上看来是为了克服自身的知识焦虑，其背后的深层次原因有必要深入探讨。

（二）"网络囤积症"背后的原因分析

1. "网络囤积症"与用户安全感缺失有关

马斯洛的需求层次理论指出，人有五种需要，分别是生理需要、安全需要、社交需要、尊重需要和自我实现的需要。其中，安全需要是人们希望保护自己的身体和情感免受外界因素的伤害、威胁，希望自己已满足的需要、已得到的利益不再丧失，以及尽量保持对今后不确定性的控制（张德，2019）。在当前社会大环境下，职场竞争愈加激烈，人工智能的迅猛发展，这些都给用户带来了更多的不确定性和不可控性。

当用户面对的环境和未来具有不确定性时就会产生不安，而当其对现实和未来缺乏掌控能力时就会缺乏安全感。相对而言，当用户处于一种缺失安全感和控制感的状态下时，更喜欢囤积。当用户害怕被发现"这个概念我没看过/没听说过/没见过"时，就会不停地囤积文章、课程、会员。遗憾的是，这些囤积品大多"躺"在手机里，止步于保存却毫无用处。当用户发现自己收藏的、付费的内容怎么也学不完时，可能会引发更大的焦虑感以及自我效能感降低等负面情绪。

2. "网络囤积症"与用户的求知欲增强有关

知识焦虑不只有负面影响，适度的知识焦虑也会给用户带来求知的动力。在知识经济时代，当人们在工作、生活、学习中遇到一些问题需要解决或探索而自身又不具备相应的知识时，就会意识到自身某方面知识的匮乏和不足，这是一种求知的需要。刚开始这种需求处于萌芽状态，是以不明显的、模糊的形式反映在人的意识中，会使人产生不安的感觉，这时人的求知需要是以意向的形式存在的。当这种需求增强到一定程度而又未能得到满足时，人在心理上就会有一种紧张感，同时明确意识到可以通过什么手段消除这种紧张感，这时人的意向就会转化为欲望、愿望。只有当解除紧张状态的对象（目标）出现时，这种求知欲才会转化为实际的驱动力（动机），并表现出相应的求知行为（张德，2019）。实际中，各种知识付费平台、知识付费 App 就是能满足用户的求知欲、解除其心理紧张状态的具体对象和目标，而且这种目标实现的可能性很大（比如移动支付方式的普及及其使用的便捷性使得付费购买相关课程或成为会员变得容易）。这时，求知需求就变成了求知的动机，表现为通过各种途径学习、提升自己。在终身学习时代，用户的求知欲不断增强（王瑾，2018），表现出的求知行为也不断增加，相应地囤积的知识、课程就较多。

用户的求知行为并不必然能满足其需求，因为知识是无限的，每个人的精力和注意力却是有限的，用户对知识的渴求和有限的精力、注意力就形成了一对难以调和的矛盾，催生出一些影响其身心健康的负面情绪（匡文波，2019）。此外，由于知识产品的独特性，用户付费购买相关知识产品后，可能会出现与预期不符、学习效果不佳等不满意的问题。这些问题大量存在就会导致用户知识付费体验差、产品打开率和用户复购意愿不高、知识转化效果不理想等后果，进而影响用户的持续参与和付费行为，阻碍知识付费行业的持续发展。

（三）克服知识付费产品"网络囤积"的举措

1. 借鉴"断舍离"理念，理性消费

要克服知识付费产品"网络囤积"，可以借鉴"断舍离"理念，养

成理性消费的习惯。

首先，提高用户知识付费决策的理性。不要轻易相信知识付费平台为兜售付费知识产品而推出的克服"知识焦虑"的营销噱头及夸大宣传，本着有用性思维付费，对自我需求进行深度剖析，防止冲动消费。不管做何种决策，要时刻清楚自己的目标，以目标为导向，在良好体验的基础上再做决策，这表现为"断"——不需要的课程或至少当前不需要的课程不买（任丽丽和张姣姣，2023）。

其次，集中时间、精力处理掉现有知识囤积品。这里的"处理"是指，舍弃对实现自己目标帮助不大的课程或是自己不会花时间和精力去学的课程，取消关注自己不会经常阅读的公众号、服务号等，集中精力学习对自己有益的课程以及享受相关权益，这表现为"舍"。目前有很多知识付费平台采取一次付费、永久有效的模式推出相关知识产品，这就使得用户心存惰性，反正知识产品永久有效，日后有需要时再学即可。久而久之就会使用户养成一种"惰性习惯"，囤积的课程、会员数量越来越多，甚至会出现忘记自己购买过某个课程的情况，打开率和完课率可想而知。因此，应尽可能地选取有效期有限的课程（这里的"有限"是指服务期有限），目前有很多知识付费平台采取"知识市场+社群"的商业模式，比如线上训练营模式。在有限的服务期内，知识生产者和组织方全程参与，为用户答疑解惑，这种模式下各平台参与者之间互动频次较高，学习氛围浓郁，学习效果也较好，因此用户的满意度较高，持续付费意愿也较强（任丽丽和张姣姣，2023）。

最后，应引导用户正确看待知识付费问题，正确认识其本质。当前知识付费能够给用户带来什么？用户从中能获取什么价值？对用户而言，知识付费是有价值的事情吗？通过对这些问题的反思，可以让用户在每次行动之前，能够考虑清楚此次行动的目的，是解决自己在工作、学习、生活中的难题，还是降低"知识焦虑"带来的不良后果，如自信心不足等。这表现为"离"，即通过不断地"断"和"舍"，最后达到一种脱离对物质的执念的状态（山下英子，2013），集中精力和注意力去选择做对自身和他人有价值的事，进而实现自己的目标。

2. 树立正确的学习态度

克服知识付费产品"网络囤积"，需要树立正确的学习态度。

首先，要正确认识知识付费产品所带来的效果。由于知识产品的独特性，用户通过知识市场途径在线付费获取知识产品时会出现诸如知识产品的质量难以保证且消费前不易评价、知识产品使用所带来的结果与用户期望不一致、用户不满意等问题（任丽丽等，2020）。此外，技能类、智识类、用户素质提升类知识产品的效果显现时间都比较长，用户要摒弃速成学习观，正确认识知识付费产品所带来的效果，不要盲目期望通过付费课程学习来快速达到预期效果，也不要期望通过"网络囤积"来缓解"知识焦虑"。

其次，树立终身学习的理念，全面提高自身的素质和认知能力。科技和互联网的迅猛发展，要求人们不断地学习成长、不断地提升自己，只有这样才能跟得上社会和时代发展的步伐。通过持续学习和成长以及认知能力的提升，练就一身真本事，才会增强自身的安全感和自信心，也才能缓解"知识焦虑"问题，使用户不再毫无目的地囤积各类学习课程，而是能够做到有目的地根据自身真正所需去学习。

3. 养成良好的学习习惯

克制囤积的欲望，用心对待自己拥有的每一个物件、购买的每一个课程，保持初心正念，久而久之就可以做到既不囤积也不浪费，物尽其用。如果发现了对自己有用的、有价值的、深层次的信息和知识，要及时浏览、了解和掌握，而不是习惯性地点击关注、收藏和购买。掌握知识的关键在于思考、练习和使用，核心在于知行合一，只看不练或只学不用，是无法达到预期目标的，所学知识也不能称之为是自己的知识。要想把知识变成自己的，就需要对知识进行思考、加工、使用和内化，真正地拥有知识。知识付费是一个知识转移与获取的过程，在知识从平台方或者知识供给方转移至用户后，要经过沟通、应用、接受和内化才能为用户掌握，只有经历了最后一个步骤，将知识真正内化为用户的知识和惯例后，知识转移的效果才会显现出来（任丽丽和张姣姣，2023）。

4. 引导知识付费行业健康发展

知识付费行业的快速发展，在一定程度上满足了用户的求知欲，消解了用户的"知识焦虑"；但是用户非理性消费的情况依然存在，这就造成了用户的"网络囤积"现象。因此，从知识付费行业发展的角度来看，应加强对知识付费平台的监管，不能为了吸引用户购买而进行夸大宣传甚至是虚假宣传，从而增加用户的"知识焦虑"和不安感。要减少用户不利的"网络囤积"行为，就要求平台方在营销中坚守道德底线、遵循公序良俗，鼓励平台方建立知识付费平台自律标准，促进知识付费平台健康发展（曾振华，2020）。此外，鼓励知识付费平台持续完善知识筛选和评价机制，加强对付费订阅用户的细化分类，区分具有不同知识基础的付费订阅用户，以确保潜在付费订阅用户能够在付费之前清晰地了解付费学习后可能达到的效果，从而对知识供给方和平台方形成合理预期，并保证这种预期得以实现，进而让付费订阅用户对知识付费平台和知识供给方产生信任感，提高其忠诚度（袁荣俭，2018），有效提高用户付费学习的效果，缓解其"知识焦虑"，增强其安全感和可控感，减少无效的"网络囤积"行为。

总之，用户付费购买知识本身无错，关键在于购买的知识能否真正达到预期效果，满足用户的需求和目标。要有效避免"网络囤积"，需要知识消费者、知识付费平台、知识提供者等知识付费平台的各参与主体共同努力。

第五章

知识付费平台知识供给者持续知识供给行为研究

第五章 知识付费平台知识供给者持续知识供给行为研究

在知识付费领域，作为整个知识付费产业链的源头，知识生产者、知识提供者（供给方）、知识贡献者、付费分享者、付费回答者、知识创作者、知识极客（知识原创者、知识传播者、知识产品经理、知识经纪人、知识价值领袖）（方军，2017）发挥着极为重要的作用。虽然叫法不一，但其本质内涵是一样的，他们是付费知识产品或服务的供给端，他们是否积极产出内容，并与平台积极协作决定着知识付费平台的兴衰。有研究指出，像在线问答社区这样的知识付费平台，其持续发展严重依赖用户（知识供给端）的知识贡献行为，即参与贡献知识、分享信息和知识创造的行为（Ma & Agarwal，2007）。换言之，供给端的持续知识贡献行为对于知识付费平台，特别是在线问答社区的可持续发展至关重要（Chen et al.，2019；Xia et al.，2012；Zhao et al.，2013）。相对于付费知识产品或服务的需求端，知识付费产品或服务的供给端决定着付费知识产品或服务的数量和质量，其持续行为涉及付费知识共享、问答等。需要注意的是，知识提供者可能只是知识付费平台的知识供给者，比如得到App上付费专栏内容的提供者，也可能既是知识付费产品或服务的供给者又是其需求者，如知乎平台上的付费问答用户，自身可能付费提问，也可能以回答者的身份出现。不管是何种情况，其本身扮演了知识提供者的角色，其持续供给行为对于知识付费平台的持续经营和高质量发展至关重要。本章就是从知识提供者视角出发，采用访谈等质性研究方法，深入探索哪些因素对知识提供者的持续供给行为产生了促进和阻碍作用，知识提供者希望知识付费平台提供什么样的激励机制，知识提供者和知识付费平台对知识付费平台版权保护的看法如何，知识提供者的持续供给行为对知识付费平台的持续经营和高质量发展发挥了什么作用。对知识提供者持续供给行为的影响因素的探索研究将有助于回答上述问题。

一、文献综述

（一）知识付费内容提供者

中国是重要的新兴市场之一，吸引了很多学者来探索其惊人的经济增长和管理实践（Chen et al., 2022；Huang et al., 2018；Ma & Bu, 2021）。中国已成为大数据技术和人工智能在在线商业活动应用领域的领导者，特别是在快速增长的平台经济中（Du et al., 2022）。自2016年以来，中国知识付费用户规模呈高速增长态势，2021年已达4.77亿人，知识付费市场规模达到675亿元，是2015年的42倍（艾媒咨询，2022）。知识付费市场规模随着互联网的飞速发展而不断扩大，逐渐向全民内容输出、变现和内容多元化方向发展。

在互联网知识经济时代背景下，知识付费平台作为连接者，连接着知识生产者和知识消费者，构成一个"知识生产者—知识付费平台—知识消费者"的市场格局，通过连接供需双方使知识的供需得以匹配（荣跃明，2019）。因此，影响知识付费平台可持续发展的因素不仅包括用户自身，还有平台方、知识供给方等。其中，知识供给方是源头，是平台付费知识产品或服务的提供者、贡献者和创作者，在知识产品的供应过程中属于生产环节。在这一环节中，知识产品的提供者通常是知识产品的原创者，或是在他人知识产品的基础上创新形成新知识产品的创作者。袁荣俭（2018）认为，知识产品的供应包括原创性生产、改良性生产和复制性流通。原创性生产是对知识质的改变或者根本性的创新，这对于知识生产者的专业性要求较高。改良性生产是在原有知识的基础上，对部分内容进行创新、改进，是在原有知识框架下进行的改变和提升，知识产品并未有质的改变，知识生产难度相对较小，现有知识付费平台上的很多知识提供者属于这一类型。复制性流通是指出版、印刷或者复制知识产品，这种模式要求知识产品提供者要符合知识产权保护的相关要求。一方面，知识付费平台要持续发展需要内容生产者持续提供内容；另一方面，知识创作者需要选择平台将知识付费内容变现，以获得经济收益。因此，这是一个知识付费平台和知识供给方双向选择的过程。从平台的角度来看，用流量型平台和工具型平台进行区分可能更合适。前者类似于得到、喜马拉雅等，后者则通过SaaS（软件即服务）云服务，助力内容创作者搭建专属于自己的线上知识店铺，诸如小鹅通、略知等。

移动互联网的发展降低了用户获取音频、视频、图文等信息的成本，也降低了内容生产者的作品创作和传播成本，行业进入门槛随之降低，吸引了大量内容创作者入局。知识付费内容生产者从最初的行业大V（有知名度的学者和名人）、关键意见领袖（Key Opinion Leader, KOL）等专业人士逐渐转向"全民皆师"的局面，不论是行业专家还是精通某个领域的普通知识传播者，均有机会成为知识付费内容生产者。知识付费诞生在中国，对知识付费这种新兴模式的探索，有助于加深我们对付费订阅、在线问答平台知识共享的理解，这是应对技术发展及其对我们日常生活影响的挑战主要的手段（Wang, Wang, Ma & Wang, 2022）；然而，经历了一轮飞速发展，知识付费行业正面临知识产品复购率逐步下降、公域与私域不相通、内容品质标准缺乏以及推广体系难搭建等发展阻碍。市场主体若想在知识付费行业站稳脚跟，不仅要坚持合规经营，保障员工劳动权益，还应分析知识付费市场痛点，及时推出满足人们需求的产品，在品质上多下功夫，凭借"干货"赢得用户认同。知识付费平台需要从市场机制入手，从需求端调整用户认知、稳定用户市场，从供给端严格控制知识生产者的准入标准，并充分发挥信息技术监管手段的作用（沈君菡和周茂君，2019）。

（二）知识付费平台供给的驱动因素

对于任何以知识为中心的在线社区或平台来说，保持其成员分享知识的动机都是一个严峻的挑战。因此，需要更清楚地了解驱动社区/平台成员不断贡献内容、参与互动和对社区忠诚的激励机制。许多研究探索了人们愿意或不愿意向在线社区/平台贡献内容的原因。

在线知识付费的出现，为用户交流、协作及互动、知识寻求和获取提供了一个平台，对于知识付费平台的可持续发展，参与者持续贡献高质量的知识是必不可少的（Fang & Chiu，2010；Dong et al.，2020；Jin et al.，2015；Chen et al.，2018）。换言之，保持知识付费平台活力的核心就是激励平台知识提供者持续为平台贡献知识（Chen et al.，2019；Jin et al.，2015）。这就需要先弄清楚驱动知识生产者持续贡献知识的因素有哪些。有研究指出，个体的内在动机（如帮助他人的乐趣、成就感、愉悦感、心流体验、自我效能感以及互惠、利他动机等动机因素）（Dong，2020；Wasko & Faraj，2005；Chan et al.，2021；Choi et al.，2020；Maheshwari et al.，2021；金晓玲等，2013；李颖和肖珊，2019）和外在动机（如提高声誉和奖励、同伴认可）（Zhao et al.，2016；Ma & Agarwal，2007；金晓玲等，2013）是持续知识贡献的前因。Kuang等（2019）及Wang等（2022）研究发现，货币激励的引入刺激了知识提供者对免费和付费知识产品的贡献。社区激励、社区信任、互惠规范、学习效果等社会因素（Guan et al.，2018；Wang et al.，2021；Li et al.，2012；Burtch et al.，2018；Shi et al.，2021；金晓玲等，2013），如在线问答社区中的奖励机制（徽章）可以激励参与者的持续知识贡献，来自用户或"粉丝"的反馈也很重要，当一个人贡献内容并从其他社群成员那里得到积极的反馈或评价（如"赞"）时，这对知识贡献者来说非常重要。感知易用性、感知有用性（Singh et al.，2018；Lee & Kim，2018）、社群反馈（Wang，Liu & Xiao，2022）、答案质量反馈（杨刚等，2020）等技术因素（李华峰等，2022）也是驱动付费知识产品或服务的供给端持续知识共享行为的力量。金兼斌和林成龙（2017）将用户内容生产的动机分成内在动机、外在动机和技术动机。他们指出，技术动机包括感知易用性、感知有用性和社区感等。

研究还发现，知识提供者的知识贡献意愿和满意度是关键的驱动因素（万莉和程慧平，2016）。不同等级的用户，持续贡献知识的意向动机不同。金晓玲等（2013）的研究指出，对于积分等级高的用户来说，其持续贡献知识意向更多是为了提升声誉和互惠；而对于积分等级低的用户而言，其持续贡献知识意向更多是为了提升学习和获取知识的能力。Dong等（2020）基于集体行动地位理论的综合模型，解释了身份地位如何调节不同类型的动机（自利 vs 亲社会）对虚拟社区持续贡献的影响。研究结果表明，地位的提高可以增强虚拟奖励及同伴认可的动机激励，同时会提高意见领袖在虚拟社区中贡献内容的亲社会动机。Wang和Ma等（2022）采用社会资本理论，提出网络社区中的知识用户在知识寻求过程中发展了社会资本，其积累的社会资本进一步促进了知识贡献行为，这是一个中介的知识共享过程。研究结果对如何促进网络用户的知识贡献行为，以实现数字时代网络社区的持续健康发展提供了重要的见解（Chen & Hung，2010；Hwang et al.，2018；Luo et al.，2020）。Daradkeh（2022）基于社会学习理论和刺激-有机体-反应（SOR）框架，建立了从环境刺激（观察学习、强化学习）、有机体认知（自我效能感、结果预期）到行为反应（初始贡献、持续贡献）的知识贡献形成机制模型。王莉雅和王树祥（2022）基于社会生态模型

（Socio-ecological Model，SEM），构建了用户持续性知识贡献行为的影响分析框架，采用模糊集定性比较分析方法，从多维交互视角分析用户持续性知识贡献行为影响因素间的组合联动效应。结果发现，提升知识贡献数量维度的组态路径包括成就动机驱动型、人际关系驱动型和全维度驱动型，而提升知识贡献质量维度的组态路径包括形象激励主导型和参与动机驱动型。

（三）文献述评

综上可知，现有研究对在线社区或平台持续知识贡献意愿和行为已进行了广泛的探讨；然而，已有研究多从虚拟社群、在线学习社区、社会化问答社区等视角出发，较少涉及知识付费平台。此外，贡献知识更多是免费的，而知识付费平台具有电子商务性质，其知识提供者大多可以通过提供知识获得收益，这也是其区别于社区、虚拟社群的关键之处。在经济收益激励下，知识付费平台提供知识的驱动因素、阻碍因素到底有哪些？知识提供者对平台激励机制的满意度如何？知识付费平台版权保护问题对知识提供者持续知识供给行为有何影响？为回答上述问题，本章基于知识提供者视角，利用扎根理论方法对其持续知识供给行为的影响机制进行系统分析，为知识付费平台持续发展提供路径参考。

二、研究设计

（一）研究工具与研究方法

本书采用扎根理论质性研究方法，即在已有理论和文献支持下，根据研究者个人知识和经验对原始资料进行编码，进而建构理论模型的一种方法（陈向明，1999）。知识付费平台知识提供者持续知识供给行为的相关研究还不充分，因此适用于扎根理论研究。本书运用 NVivo 11 软件，对深入访谈所获得的资料进行定性数据管理和分析，试图找到影响知识提供者持续知识供给行为的因素。NVivo 是支持质性研究和混合方式研究的工具软件，是为帮助用户整理、分析和提炼对非结构化或质性数据（如采访、开放式调查问答、文章、社交媒体和网页内容）的观点而设计的（冯狄，2020）。

（二）研究步骤

1. 访谈提纲设计

本研究的访谈提纲设计包括以下步骤。

首先，确定访谈对象。本书采取非随机抽样，选取那些能够提供最大信息量的样本。目前的知识付费平台，特别是内容生成平台，如知乎、百度问答、今日头条等，有不少推出了用户创作中心，如头条号上，知识提供者享有相应的作者权益，涉及创作、变现等方面。不同"粉丝"量级的作者可申请对应权益。比如，基础权益（零"粉丝"可申请）包括文章创作收益、视频创作收益、视频原创、图文原创、热点图库，万粉权益（一万"粉丝"可申请）包括付费专栏、头条抽奖、商品卡等。

其次，确定访谈大纲。根据研究主题和研究目的，结合相关文献和现象观察，初步设计访谈提纲，并选择两名知识付费平台生产者（一名头条号的知识原创者和一名知乎平台上的答主）进行预访谈，从不同付费知识产品或服务供给端的角度收集反馈意见并进行整理、讨论后确定正式访谈提纲。在正式访谈时，提前跟访谈对象约好时间，以确保其有足够的时间参与访谈。访谈对象的选取包括在一些知识付费平台上开设课程、讲座或者推出付费专栏的人，也包括在付费问答平台或社区推出付费咨询服务的人，比如知乎上的答主，还包括在一些知识付费平台上进行原创内容创作，享受一些变现权益的人，比如在今日头条、知乎、喜马拉雅上加入创作者计划或创作中心进行内容创作，并享受相应权益的人。本书在选取访谈对象时，尽可能将这三种知识提供者类型都涵盖在内。

正式访谈提纲包括访谈目的、相关概念界定、受访者基本信息和主要核心问题四部分。在本书中，访谈问题包括但不限于：是知识付费用户还是知识提供者，或者二者兼有？如果是知识提供者，有哪些因素影响其持续生产内容？在知识付费平台上产出知识或内容的动机是什么？希望知识付费平台提供什么样的激励机制？对知识付费平台现有的激励机制是否满意？在知识付费平台上提供知识的时间投入是多少？（比如每天一更、每周一更、随意看心情？）什么样的时间安排有助于知识提供者持续提供知识？阻碍知识提供者持续产出知识的因素有哪些？对知识产权保护的看法？知识提供者的持续知识供给行为对知识付费平台的持续经营和高质量发展有什么作用？在实际访谈过程中，研究者对访谈过程进行整体把控，弹性处理访谈问题，同时允许被访谈对象提出新的问题和观点（张帅等，2017）。

2. 研究样本选取

质性研究特别看重研究样本所提供信息的丰富性而非样本数量的多少（Patton，1990）。因此，本书采取非随机抽样中的目的抽样方法，遵循理论饱和抽样原则（孙晓娥，2011），在前期进行的预访谈的基础上，确定以访谈对象能否提供必要的信息作为抽样标准，选取了三种类型的知识提供者，以获得能为本书提供尽可能丰富的信息的数据（王文韬等，2018）。Guest等（2006）的研究得出，在访谈调查中12个被访谈对象是针对重要主题进行分析的充分样本。Francis等（2010）提出了"10+3"的样本量设置，即最小样本量是10，也就是初始分析样本为10，停止标准是在没有新想法出现的情况下还会进行多少次访谈，他们在两项研究中证明了这些原则，使用10的初始分析样本和3的停止标准。也就是说，在最小样本量10的基础上，再对不少于3份样本进行访谈，如果没能发现新的范畴或关系，则认为编码所构成的理论达到饱和。基于此，本书共确定访谈对象15人，其中男性11人，女性4人，身份都是知识提供者，有免费知识提供者，也有的同时是免费知识提供者和付费知识提供者。访谈对象平均使用知识付费平台的时间为4.8年，最少的为3年，最多的为8年，基本属于资深的知识付费平台用户。这些知识提供者使用的平台包括知乎、小红书、哔哩哔哩、腾讯课堂、百家号、今日头条等；提供的内容涉及数理科学、电子信息大类方面的知识，公务员事业单位、烟草等行政机关事业单位笔试面试备考相关经验、学校报考、考试事项、艺术生考研相关信息、辩论赛、各院校考研录取信息、工科知识与设计、专业课程PPT（演示文稿）、课程设计的源代码和效果展示（如LabVIEW〈程序开发环境〉和PLC〈可编程逻辑控制器〉的立体仓库设计）、腾讯课堂仿真秀、出版专栏、个人终身成长方面的话题，等等。"粉丝"量最多的有20.3万关注者。在时间安排方面，时间不固定、随意看心情的情况居多，一周一更新可能更好，空余时间较多的可以一日一更新，特别是免费内容更新；因主导业务约束导致日更新无法实现的，可以每周两更新，或一月一更新，还有的根据用户数量确定更新时间，以及根据自身储备情况更新内容。有的知识提供者会在频繁更新和高质量输出中找到平衡点，因为频繁更新与高质量输出是一对矛盾体。

3. 访谈过程与数据收集

访谈时间为2023年2月24日到3月4日。在处理访谈材料时，为保护访谈对象的隐私，对其姓名进行匿名处理，用英文字母A~O顺序编号代替。访谈方式包括当面访谈（4人）、微信语音访谈（6人）、微信问答访谈（2人）和电话访谈（3人）。平均访谈时间约18分钟。在征得访谈对象同意的情况下，研究者对访谈进行录音。每次访谈结束后，研究者会及时根据访谈过程中的记录、录音及微信聊天记录，人工逐字逐句地将音频资料、微信信息转录为Word文本资料，对于访谈内容中不清晰或有疑问的地方，通过后续追问来了解真实情况，并用访谈对象的姓名（A~O顺序编号）作为Word文本资料的文件名。

三、知识提供者持续知识供给行为影响机理模型

（一）开放式编码

将整理好的Word文本资料规范化后导入NVivo 11软件，采用扎根理论研究的方法对文本资料进行逐级编码，即按照开放式编码、主轴编码和选择式编码的顺序进行。秉承开放的研究态度，对原始数据进行逐句分析编码、标签化，提炼出常用的概念。

首先，由两名研究人员采取背靠背编码的方式独立工作，对访谈资料进行逐条编码；按照最大可能性原则，综合两人的编码结果，形成134条初始概念。初始概念的形成过程如表5-1所示。

表5-1　初始概念的形成过程（部分）

原始语句	初始概念
M：让自己积累多年的创作和出版经验服务更多有需要的人，让他们少走弯路	传授经验、利他
I：版权保护实在是太难了，可以给自己的视频添加水印。一些小的创作者会搬运盗用自己的视频，平台未能识别出来，再加上平台多，搬运到其他平台的情况也不少，且很难避免	版权保护难、添加水印、搬运知识、盗用知识、识别功能弱、侵权数量大

续表

原始语句	初始概念
F：与此同时，平台对内容的推荐机制和算法也是一个影响因素，很多人写了好多文章，但是平台算法没有给其多少展现量，阅读量自然就很低，影响了大家的创作积极性	内容推荐机制、算法机制
I：推流问题，有时候自己花了很长的时间剪视频却没有得到相应的收获，得不到平台的流量扶持	流量分发机制、投入产出合理性评价
B：平台上"粉丝"评论的素质差异很大，容易影响创作者的心境，私信的用户反馈也十分重要，对你接下来是否要继续提供知识影响很大，还有就是个人的时间、精力也会有影响，或者说当前所处的状态和人生阶段也会有极大的影响	"粉丝"评论、私信用户反馈、有时间、有精力、当前所处的状态和人生阶段

（二）主轴编码

随后以意思相同或相近为原则，两名研究人员独立对134条初始概念进行整理、合并、提炼，生成有关知识提供者持续知识供给行为的基本范畴，如内在动机、外在动机、供给意愿、评论反馈、平台功能、侵权方式等，最后得到26个基本范畴。两名研究人员通过讨论，对有争议的编码进行充分的匿名讨论，直到达成一致意见，最终两人编码结果的一致率高达95%，说明本书的开放式编码具有良好的信度（Rust & Cooil，1994）。范畴化编码情况如表5-2所示。

表5-2 范畴化编码情况

基本范畴	包括的初始概念	基本范畴内涵	基本范畴定义依据
内在动机	情怀、利他、互赞、成就感、愉悦感、精神满足、能力提升、个人成长、体现人生价值、传授知识有意义、有分享欲、兴趣爱好、传授经验、提供出书机会、知识输出、巩固知识点、拓宽思路、获取知识、避坑、完善知识体系	内在动机与知识提供者供给知识时的主观积极感受有关，是主动激励自身的动机，是为自己而提供知识，为了行为本身固有的回报（快乐和满足等）而贡献知识	内在动机产生于活动与其所服务的目标的感知融合，是人们在进行活动时的积极感受和体验（Amabile et al., 1994; Gagné et al., 2010; Grant, 2008; Vallerand et al., 1992; Csikszentmihályi, 1990; Fishbach & Woolley, 2022）
外在动机	经济收益、认同感、增加影响力或知名度、获得点赞关注	外在动机是指知识提供者为达到一定目的而非为自身贡献知识	Deci和Ryan（1980, 1985）指出，外在动机是指为了实现一些可分离的目标而做出的行为，如获得奖励或避免惩罚
社会动机	认识志同道合的朋友、形成知识值钱的氛围	社会动机是指知识提供者提供知识的驱动力在于获得友谊、形成良好氛围等	本书研究提炼

续表

基本范畴	包括的初始概念	基本范畴内涵	基本范畴定义依据
技术动机	感知有用性、感知易用性、物质和精神反馈	技术动机主要是指知识提供者提供知识的载体平台所具有的特性,主要包括感知有用性、感知易用性和社区反馈	金兼斌和林成龙（2017）、李华峰（2022）指出,技术动机主要是平台所具有的特性,包括感知有用性、感知易用性和社区感、答案质量反馈、社区反馈等因素
供给意愿	有分享意愿、有时间、有精力、当前所处状态和人生阶段、投入产出合理性评价、兼职投入、更新频率	知识提供者愿意为知识付费平台提供知识的程度、倾向性	于鹏（2006）指出,知识供给方的知识转移/供给意愿是指其愿意将知识提供给其他接受者的倾向性
供给能力	知识储备、持续创造输出能力、技术能力	知识提供者是否具备一定的知识储备量,是否具备知识持续创造输出的能力	Wang等（2004）指出,知识提供者是否具备知识持续供给能力,取决于知识提供者的知识基础是否雄厚及其持续输出能力

续表

基本范畴	包括的初始概念	基本范畴内涵	基本范畴定义依据
评论反馈	同行交流反馈、"粉丝"评论、私信用户反馈	知识提供者同行及"粉丝"(用户)在多大程度上对知识提供者提供的知识进行积极的评价	大多数"粉丝"会给出独特而专业的评论来支持节目(Liang & Shen, 2016)。Park和Kim (2008)指出,在线评论是过去、现在及潜在的消费者对已购产品的体验进行积极或消极的评价
社区氛围	社群类型、平台用户文化、知识提供者与平台用户间的互动、知识提供者间的互动、知识提供者与平台间的互动	知识提供者、用户等对当前知识付费平台或社区文化的感知	社区氛围是指社区成员对社区规则、行为模式或成员关系等社区环境的感知(赵建彬和景奉杰,2016)。Grönroos和Helle (2010)指出,互动是两个或多个互相影响的联系方的相互行为。吴思等(2011)将虚拟品牌社区中的互动划分为用户与平台的互动以及用户与用户的互动。知识提供者通过与其关联主体的互动,可以更好地了解平台功能和服务,促进资源交换和整合(涂剑波等,2017)

续表

基本范畴	包括的初始概念	基本范畴内涵	基本范畴定义依据
平台推广机制	流量分发机制、内容推荐机制、算法机制	知识提供者对知识付费平台在流量分发、推广力度、内容推荐等方面的看法	本书研究提炼
平台功能	编辑、提现速度和方式、变现方式、设计、内容及收益分析、管理权限、数据具象化	知识提供者对提供知识的在线平台功能的看法	蔡晓东和董永权（2021）指出，可以通过增加MOOC（慕课）学习平台的功能丰富性，提升功能个性化和可控性、实用性，来提升用户体验
平台奖励机制	创作收益、奖励等级制、增加定价权、延伸服务、物质奖励、课程创作服务、线下活动、合理的收益分成比例、虚拟货币、曝光度、设置更多奖励项、激励力度变小	知识付费平台的奖励包括对知识提供者的物质奖励和精神奖励	Cheng和Vassileva（2006）认为，解决在线知识问答社区的知识分享问题，可以通过建立相应的奖励机制来解决

续表

基本范畴	包括的初始概念	基本范畴内涵	基本范畴定义依据
收益回报不确定性	收益回报周期长、收益不稳定	知识提供者为知识付费平台提供知识的过程中遇到的收益不稳定、收益回报周期长等阻碍其持续贡献知识的因素	本书研究提炼
技术冲击	ChatGPT（一款聊天机器人程序）等AI（人工智能）技术冲击	ChatGPT等人工智能技术对知识分享者的冲击	Frey和Osborne（2017）指出，人工智能技术将会对工作职位产生冲击，很多职位有较高风险被智能设备所取代
缺乏竞争力	单纯知识分享者无优势，对名气小的作者不重视	知识提供者在供给知识的过程中存在竞争力不足的情况	本书研究提炼
内容局限性	产品同质化、小众化和专业化知识稀缺、平台商业化趋向严重、高端用户的需求难以满足	知识付费提供者提供的知识产品或服务方面的局限性	任丽丽和郑永武（2022）指出，内容质量涉及付费知识的内容专业性、系统性、丰富性、新颖性，内容是否物有所值以及需求的满足度和期望的符合度等方面

续表

基本范畴	包括的初始概念	基本范畴内涵	基本范畴定义依据
侵权行为	鉴别难、隐蔽、取证难、标准不明确	知识产权侵权行为的识别难度	郭梦雨（2017）指出，由于知识问答社区的用户采用非实名制，版权保护措施难以实施，导致一些侵权现象发生时无法对侵害行为进行准确定责，也无法通过法律途径来维护著作权人的权益
侵权方式	引流、搬运知识、盗用知识、"洗文"、盗版、抄袭、跨平台侵权、跨主体侵权、非官方获取、跨国侵权、知识被倒卖	在知识付费领域知识产权侵权的具体呈现方式	张浣玉（2019）认为，公众号里的"洗文党"、头条新闻的"刷热点党"、付费社群遭无偿围观、在线网课低价出售和转卖等，给知识付费原创制作团队带来了巨大压力，减弱了其创作动力
侵权成本	侵权成本低、侵权收益高	知识产权侵权成本和侵权获利大小	李鹏和马永祥（2020）指出，盗版侵权获利巨大，但侵权成本有限，侵权人员会同时架设数十个盗版网站，随时可以通过更换服务器、架构新网站来继续实施犯罪行为

续表

基本范畴	包括的初始概念	基本范畴内涵	基本范畴定义依据
侵权数量	侵权数量大	版权受到侵害的数量	张珊（2019）指出，网络知识产权侵权行为具有涉及地域广泛、侵权数量大、证据保存难、易删除及隐蔽性强等特点
监管制度	识别功能弱、维权不便利、平台救济缺失、制度作用有限、主动监督机制缺失	知识付费平台在知识产权侵权监管方面存在的问题	马一德（2019）指出，知识产权保护不力，知识产权案件司法与行政法律适用标准不统一、不同法院标准不统一、侵权监管力度不够及处罚过轻等问题，导致企业和个人技术创新的积极性和创新动力不足
侵权处理	止步于停止剽窃行为、对已被侵权部分不能追偿和调整、保护力度小、成功概率低	被侵权后，对侵权处理方式和结果的看法	刘益灯（2021）指出，网络消费维权程序复杂，机制不完善，成功率低
维权意识	知识产权保护意识不强、打官司不值得、加入"维权骑士"计划	被侵权者版权保护意识大小	郭梦雨（2017）认为，版权保护需要通过提高用户的版权保护意识，形成一种共识，提高参与者对自己作品的重视程度，同时尊重别人的劳动成果的方式实现

续表

基本范畴	包括的初始概念	基本范畴内涵	基本范畴定义依据
维权成本	维权的时间成本、维权的精力成本、维权的金钱成本	被侵权者维权成本的大小，包括时间、精力、金钱等成本	詹映和张弘（2015）认为，维权成本包括维权经济成本和时间成本两个方面。其中，维权经济成本主要包括权利人诉求获得补偿的维权合理开支及其被判承担的诉讼费用；维权时间成本主要是指诉讼周期及通过考察上诉率、上诉改判率
维权难度	版权保护难、维权无力、维权无门、主动维权难、深度维权难、维权协议内容杂乱、盗用者先入为主致使维权难、维权流程烦琐、维权流程不清晰	当知识产权被侵犯时，维权的难易程度	王果和张立彬（2023）指出，通过法律途径维权，需要经过证据固定、实际诉讼等诸多流程，不仅经济成本高，时效上也无法保障
维权手段	建立跨平台监督机制、加强平台盗版识别、加大违法处罚力度、加强法律保护意识、加强知识产权监管和执法力度、原创认证、添加水印、技术维权、第三方平台维权、建立跨平台监督机构	当版权被侵权时，可以采取的维权途径	丁丽丽（2019）认为，要基于平台和技术的力量，运用好大数据，开展技术维权合作，推动社会的全面进步

续表

基本范畴	包括的初始概念	基本范畴内涵	基本范畴定义依据
维权渠道	设置更便捷的维权机制、畅通举报投诉渠道、提供合适的维权通道、完善专门维权入口和通道	当知识产权被侵犯时，维权通道的便利性、畅通性、合适性和专业性	程亚娟和张峥（2022）指出，平台应拓宽维权渠道，简化投诉流程，通过开辟绿色维权通道、提供公益诉讼等方式来提高消费者维权的便利性，降低消费者的维权成本

（三）选择式编码

对26个基本范畴进行归纳提炼，得到供给动机、供给者自身因素、平台环境、平台激励机制、阻碍因素、侵权管理、维权管理7个主范畴。对7个主范畴反复进行比较辨析，得到主范畴间的关系，如表5-3所示。

表5-3　主轴编码情况

维度	主范畴	基本范畴	范畴关系内涵
动机	供给动机	内在动机、外在动机、社会动机、技术动机	保持知识付费平台活力的关键是激励平台知识提供者持续贡献知识（Chen et al., 2019; Jin et al., 2015）。知识供给动机是指引起知识提供者供给行为、维持该行为并将此行为导向满足某种需要的欲望、愿望、信念等，它是一种有方向的驱动力。知识提供者的内在动机、外在动机、社会动机和技术动机越强烈，其为平台供给知识的动机就越强烈

续表

维度	主范畴	基本范畴	范畴关系内涵
影响因素	供给者自身因素	供给意愿、供给能力	Wang等（2004）指出，跨国公司贡献给子公司知识的影响因素包括跨国公司的知识转移能力和知识转移意愿两个因素。在知识付费领域，知识提供者自身因素是指与其本身有关的供给意愿和能力，即知识提供者愿意为平台提供知识的程度以及自身具备相应能力能持续为平台供给知识的程度，供给意愿越强、供给能力越强，则持续供给行为实际发生的可能性越大
	平台环境	评论反馈、社区氛围、平台功能	平台环境是指知识付费平台或社区中与知识提供者有关的主体与其互动的特点以及平台具备的功能，包括同行、"粉丝"、用户的评论、私信等反馈，以及平台营造的氛围、平台的编辑与设计功能，平台环境越优越，知识提供者的持续知识供给行为越多
	平台激励机制	平台推广机制、平台奖励机制	平台激励机制是指知识付费平台赖以运转的一切方法、手段、环节等制度安排的总称。周莹莹等（2022）指出，平台激励包括市场化激励和社会化激励，其中，市场化激励包括虚拟货币和现金收益，社会化激励包括精神激励和能力激励。在知识付费领域，平台激励机制包括平台推广机制和平台奖励机制。平台推广机制越合理、奖励越丰富，平台激励机制越有效，知识提供者为平台持续提供知识的动力越强
	阻碍因素	收益回报不确定性、技术冲击、缺乏竞争力、内容局限性	阻碍因素是指阻碍知识提供者为平台持续提供知识的因素，包括各种不确定性、内容局限性等方面。不确定性越大、内容质量越是欠缺，知识提供者为知识付费平台持续供给知识的动力越小

续表

维度	主范畴	基本范畴	范畴关系内涵
版权保护	侵权管理	侵权行为、侵权方式、侵权成本、侵权数量、监管制度、侵权处理	侵权管理是指对知识付费平台上发生的知识产权侵权行为进行衡量和处理，包括侵权行为本身的特性、侵权方式、侵权成本、侵权数量、平台的监管制度以及侵权处理方式和结果
	维权管理	维权意识、维权成本、维权难度、维权手段、维权渠道	维权管理是指与知识付费平台内容创作者（知识提供者）版权事业有关的内容，当知识提供者的版权受到侵害时，对其维护权益的意识、难易程度等方面的评价以及提供解决途径，包括维权意识、成本、难度、手段和渠道

在主轴编码的基础上，梳理出7个主范畴关系结构"故事线"。经过深入比较分析，7个主范畴之间的"故事线"如下。

（1）知识提供者的供给动机通过内在动机、外在动机、技术动机和社会动机4个基本范畴直接影响其持续知识供给行为。例如，受访者K提到"主要动机还是为了对自己的知识做一个输出。因为光学的话，其实你学了以后很快就忘了，你不输出的话根本就记不下来。"（内在动机→知识提供者持续知识供给行为）

（2）知识提供者自身因素通过供给意愿和供给能力两个基本范畴直接影响其供给动机。例如，受访者A提出"因为知识付费不同以往，很多内容的标定都需要底层逻辑与知识体系的互相搭建。底层逻辑不通，你提供的就是一堆看不懂的'天书'，自身没有知识储备，你怎么能给别人讲东西呢？"（供给能力→知识提供者持续知识供给行为）

（3）平台激励机制通过平台推广机制和平台奖励机制两个基本范畴直接影响知识提供者的持续知识供给行为。例如，受访者G提到"平台给予的流量和推广力度较小,如通常在小红书上发布多篇格式相近的笔记,会发现有时候平台并不会给流量,经常是只有一篇或个别几篇得到了平台的推广,因而阅读量较高。这可能影响创作者的分享积极性。"(平台推广机制→知识提供者持续知识供给行为)

(4)平台环境通过评论反馈、社区氛围、平台功能3个基本范畴直接影响知识提供者的持续知识供给行为。例如,受访者B提到"平台上'粉丝'评论的素质差异很大,容易影响创作者的心境,私信的用户反馈也十分重要,对你接下来是否要继续提供知识影响很大。"(评论反馈→知识提供者持续知识供给行为)

(5)阻碍因素通过收益回报不确定性、技术冲击、缺乏竞争力和内容局限性四个基本范畴负向影响知识提供者的持续知识供给行为。例如,受访者H提到"过长的收益回报周期,想要全职进行知识分享创作需要很高的投入以及很长的收益回报周期,长达十几个月才能收回成本的创作周期使得很多有意全职进行创作的作者望而却步。再有是不稳定的创作收入环境,平台为降低自身的风险,将部分经营风险转嫁到知识分享者身上,知识分享者往往不能通过稳定的输出产出得到稳定的收入,这种不确定性使得很多创作者不愿意或者不敢进行全职创作,只能进行业余的片段的创作。"(收益回报不确定性负向→知识提供者持续知识供给行为)

(6)侵权管理通过侵权行为、侵权方式、侵权成本、侵权数量、监管制度、侵权处理6个基本范畴直接负向影响知识提供者的持续知识供给行为。例如,受访者H提到"(侵权管理制度)相对比较完善,'维权骑士'等服务有效保障了作者免受同平台直接剽窃的困扰;但是维权依然需要大量的时间成本,大部分依赖于各平台的自审水平,少量进入诉讼流程。处理结果往往止步于停止剽窃行为,对于已经造成恶劣后果及产生收益的部分不能充分进行追偿和调整。对于跨平台的搬运剽窃尚没有有利的救济手段。对于'洗文'等较隐秘的抄袭手段尚缺少较为准确的监督手段。"（侵权处理负向→知识提供者持续知识供给行为）

（7）维权管理通过维权意识、维权成本、维权难度、维权手段和维权渠道5个基本范畴直接影响知识提供者的持续知识供给行为。例如，受访者C提到"盗用者盗用产权的资本较少，收益较高，维权较难。很多时候会出现盗用者由于过早进入某平台而导致真正的作者维权时平台不认账、不买账的情况。"（维权难度负向→知识提供者持续知识供给行为）

供给者自身因素等主范畴作为影响因素，一方面会直接影响知识提供者的持续知识供给行为，另一方面会通过供给动机的中介作用，间接影响知识提供者的持续知识供给行为。例如，受访者M提到"平台几乎把流量全部给了早期的博主，后入者机会渺茫，赚不到钱，创作动力减弱，也就不愿意继续创作了。"（平台推广机制→外部动机→知识提供者持续知识供给行为）

通过进一步梳理上述关系，得出如下"故事线"：在供给者自身因素、平台环境、平台激励机制、阻碍因素的直接作用下，知识提供者会出现持续知识供给行为，也可以通过供给动机的中介作用对其持续知识供给行为产生间接影响。实际上，版权保护维度包括在影响因素中，但考虑到其重要性，这里将其单独列出来，包括侵权管理和维权管理两个主范畴，通过这两个主范畴直接影响知识提供者的持续知识供给行为。根据上述"故事线"，本书将"知识付费平台知识提供者持续知识供给行为"确定为核心范畴，并构建了知识提供者持续知识供给行为影响机理模型，如图5-1所示。

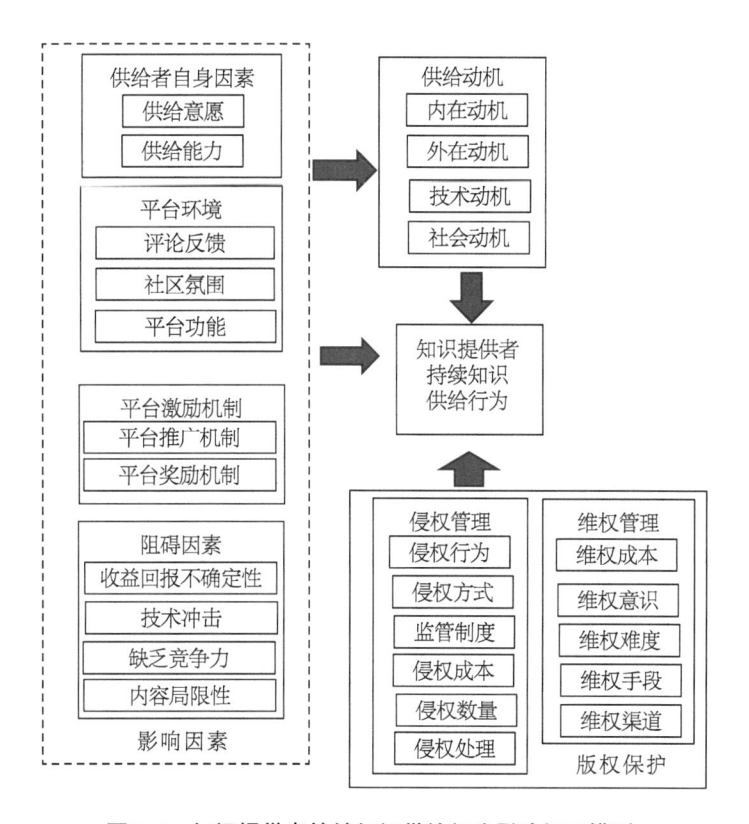

图5-1　知识提供者持续知识供给行为影响机理模型

（四）理论饱和度检验

本研究共访谈15人，当访谈到第15名访谈对象时，发现没有出现新的编码内容，进而继续采访3名访谈对象来验证是否达到饱和，结果显示进一步访谈没有出现新的范畴和关系，表明数据已经达到饱和，研究具有一定的可信性和有效性。为了确保编码的一致性，研究者对访谈资料的编码进行复核，并对两次编码中存在异议的节点组织讨论，最终选择了一个与本次研究主题最为贴近的节点（张帅等，2017）。

在理论可信度方面，在访谈阶段，本研究前期进行了文献收集、现象观察，并进行了预访谈。本研究对两名不同类型的知识提供者进行了预访谈，在被访谈对象提出的建议的基础上完善了正式访谈提纲，访谈时采取半结构化访谈模式。结合受访者的实际经历鼓励其表达真实想法，并及时补充、追问，全程录音；后期将录音内容进行转换并采取人工校对的方式，对有疑问的地方再次追问，以确保信息的完整性和真实性。在数据分析阶段，借助NVivo工具，有逻辑、成系统地记录编码痕迹；贴近受访者，尽量使用本土化概念对原始资料进行逐句分析编码，以减少信息噪声；严格遵循扎根理论编码程序规范，有效提升理论可信度（陆泽宇等，2023）。

四、研究结论与讨论

（一）研究结论

自2016年"知识付费元年"以来，不同类型的知识付费平台应运而生。知识付费因其能帮助用户消除焦虑、满足需求而受到广泛关注；然而现有研究多聚焦于用户角度的影响知识付费平台持续发展的因素，尚缺乏知识提供者的持续知识供给行为探讨。基于此，本章通过对访谈资料的扎根研究，提炼出知识提供者持续知识供给行为的影响因素，并在对范畴关系进行梳理的基础上构建了理论模型。研究发现，在供给者自身因素、平台环境、平台激励机制、阻碍因素的直接作用下，知识提供者会表现出持续知识供给行为，也可以通过供给动机的中介作用对其持续知识供给行为产生间接影响。版权保护维度包括侵权管理和维权管理两个主范畴，通过这两个主范畴直接影响知识提供者的持续知识供给行为。

（二）研究贡献

本章的理论贡献主要包括以下几个方面：首先，以往研究对虚拟知识社区用户持续知识贡献行为动机（万莉和程慧平，2016）、虚拟学习社区知识共享影响因素（李海峰和王炜，2021）、社会化问答网站知识共享影响因素（丁栋虹和杨志博，2016）、网络社群用户持续信息共享行为影响因素（张长亮等，2019）、用户生成内容持续性产出的动力机制（金兼斌和林成龙，2017）、知识问答社区用户心流体验对持续知识共享意愿的影响（李颖和肖珊，2019）等主题进行了探讨，研究主体多聚焦于用户，研究情境多是虚拟知识社区、学习社区、社会化问答网站、网络社群等，较少涉及知识付费平台。由于知识付费平台的电子商务性质，知识提供者可以获得相应的经济收益，这是其区别于知识社区、学习社区和虚拟社群之处。本研究从知识付费平台供给端出发，基于知识付费平台可持续发展目标，探索知识提供者持续提供知识的驱动因素和阻碍因素，弥补了现有研究的不足，促进了知识付费领域的理论发展，为后续全面研究知识付费平台持续经营和高质量发展提供了理论基础和量表设计参考（查先进等，2022）。其次，本研究丰富了已有研究中的动机因素，将其扩展为内在动机、外在动机、技术动机和社会动机4个方面，对影响知识提供者持续知识供给行为的因素进行了全面探索，并将版权保护细化为侵权管理和维权管理两个主范畴，丰富了以往研究对于动机理论、知识产权保护等内容的探讨。最后，利用扎根理论，全面揭示了知识付费平台知识提供者持续知识供给行为的不同影响因素的作用机制，深化了学术界对知识付费平台供给端行为的理解，为正确认识平台供给端在知识付费平台发展中的作用、促进高质量知识供给、推动知识付费平台的长远发展等提供了有益借鉴。

（三）实践启示

本研究对知识付费平台可持续发展具有以下实践启示。

（1）知识提供者的供给动机包括内在动机、外在动机、技术动机和社会动机4个基本范畴，知识提供者自身因素包括供给意愿和供给能力两个基本范畴，平台激励机制包括平台推广机制和平台奖励机制两个基本范畴，平台环境包括评论反馈、社区氛围和平台功能3个基本范畴，阻碍因素包括收益回报不确定性、技术冲击、缺乏竞争力、内容局限性4个基本范畴。因此，应认识驱动知识提供者持续供给知识的动力，采取措施促进知识提供者将动机转化为行为。

对于知识付费平台方，首先，以供给动机为切入点，识别并最大限度迎合内容生产者的知识提供动机，是建立平台及知识提供者有机连接的关键，主要包括以下4个方面：①对于知识生产者内在动机的激发。平台要更加重视知识提供者对于追求内心愉悦感、好奇心及满足感等的需求。②对于知识生产者外在动机的激发。平台可以通过制定更加合理的利益分成机制、流量推广机制，增加内容生产者的平台入驻黏性。③对于知识生产者技术动机的激发。平台可以通过优化感知有用性和感知易用性等技术因素的方式，提升知识提供者对平台特性的体验感。进一步来说，一是通过为个体知识提供者提供专门化的知识加工，标准化、产品化的培训和孵化服务，如降低非专业授课者授课的技术门槛；二是可以为内容输出方提供流量导入、资金支持、内容指导、投资孵化等各不同阶段和层级的服务（鲍静和裘杰，2019）。通过以上方式，为知识提供者更好地提供知识创造便利条件，使其在提供知识的同时，自身也有所收获并得到满足。④对于知识提供者社交动机的激发。一方面，知识付费平台方要更加注重附属在线社区产品的开发，充分发挥群聚效应，在小群体互动中，满足知识生产者对于建立起自己的知识创造型社群的需要，同时为其创造结交志同道合的朋友的机会与可能；另一方面，知识付费平台可通过打造群体归属感，提升知识生产者的价值感，帮助知识生产者形成自己是群体中一员的意识，牢固个体情感和价值意义，促进知识生产者与平台间形成稳固连接。

其次，以激励机制为"保鲜剂"，持续激发、引导、保持并规范知识提供者的持续高质量知识输出行为。经济收益、认同感、增加影响力或知名度、获得点赞关注不仅是知识提供者持续提供知识的外部动机，也是有效对其进行激励的手段。经济价值或收益是多数受访者进行持续知识供给的驱动力之一，这也是知识付费平台电子商务性质的重要体现。因此，平台方要进行充分调研，全面获取知识提供者需求信息，对知识提供者的诉求要予以充分考虑，并将其纳入激励机制的设置中，包括推广机制和各种奖励。

再次，以构建"创作舒适圈"为致力点，逐步营造更加友好、更加开放、更加分享、更加尊重、更加互助的平台环境。对于平台方自身而言，一是制定并推行平台准则和规则，明确用户需要遵守的基本行为标准和底线，包括不允许发布违法、暴力、恶意攻击、诽谤等内容，同时，考虑引入人工智能技术，协助平台监测和筛选用户发布的内容，以便及时发现和处理违规行为，保障用户的合法权益及平台的正常运营。加强法律风险管控，与相关部门和机构合作，及时发布法律法规和政策解读，维护平台生态的合法性和健康性。二是积极改进平台的各项服务及功能，诸如编辑、变现、内容收益分析、评论等，尤其要重视知识提供者、用户对平台功能问题的反馈，搭建多种用户反馈机制，及时收集和处理用户的建议、意见和投诉，积极回应用户需求，为知识生产者及用户提供更为优质的体验。三是加大知识提供者的管理权限，营造一种"想提供知识、乐意提供知识"的良好的文化氛围，可以通过推出一些友好活动，如社区活动、线上讲座、问答等活动，来营造友好的氛围，也可以通过宣传活动和奖励机制来鼓励用户与知识提供者互相尊重、互相理解和互相支持。

最后，减少阻碍因素的负向影响。首先，为降低收益回报的不确定性对持续创作热情的侵蚀与消耗，知识提供者应充分了解用户需求，避开竞争"红海",组建团队、积累经验以提高声望,提高自身能力和服务质量,合理制定价格策略,不断完善课程并参与平台推广,与平台及其他知识提供者进行合作和互动,以增加自身收益,与平台实现共赢,推动整个生态系统的健康发展。其次,为缓解技术冲击带来的负向影响,平台方要积极应对新技术带来的机遇和挑战,将新技术看作是提升自身竞争力的重要机遇,不断进行创新和改进,向知识提供者和用户提供更高质量的服务。再次,为增加平台魅力,全面提升竞争力,逐步成为大众用户首选的知识付费平台,一是要加强内容建设,但不应当仅局限在对于知识付费内容本身的建设,还应包括平台周边的社群、视频、电子书等方面的内容的搭建和完善。二是要提升用户体验,如提供更加友好、舒适的界面和操作方法,方便用户浏览内容和交流。三是要加强知识付费平台市场推广,通过各种渠道进行推广,如社交媒体推介、广告投放等方式,以吸引更多潜在用户了解平台。最后,为尽可能避免平台产出内容落入窠臼,一方面,平台应充分运用自身综合分析及调研能力,有针对性地鼓励、引导知识生产者制作和推出相关内容,提高内容的实用性,切实满足用户的需求及期望;知识生产者应不断强化自身研究、学习新知识和技能的能力,拓宽自身知识领域,提高内容的丰富性和多样性,如与其他领域的专家或知识生产者合作,共同开发和推出内容,互相学习和借鉴,提高内容的品质和水平,此外,还可以考虑尝试采用多样的教学形式,如视频、音频、图片、动画等多媒体融合的方式,吸引用户的注意力和兴趣。

(2)版权保护包括侵权管理和维权管理两个主范畴,侵权管理通过侵权行为、侵权方式、侵权成本、侵权数量、监管制度、侵权处理6个基本范畴直接负向影响知识提供者的持续知识供给行为。维权管理通过维权意识、维权成本、维权难度、维权手段和维权渠道5个基本范畴直接影响知识提供者的持续知识供给行为。当前知识付费平台版权保护是知识付费产业健康发展亟须解决的问题（郭宇等，2021）。在实践中，要多关注当前知识付费领域中的侵权行为的隐蔽性以及侵权鉴别难、侵权数量大、侵权成本低、侵权收益高、平台识别侵权功能弱、维权规则不便利、平台救济缺失、制度作用有限、主动监督机制缺失等现状和不足，也要看到当前已有的侵权处理方式和结果的不尽如人意之处。访谈发现，被侵权一方对此并不满意，特别是单个知识提供者，他们觉得打官司不值得，要花费很多的时间、精力和金钱，得不偿失。作为知识付费平台，首先要在运营过程中建立合理的收益分配机制，要充分尊重原创，才能提高作者对原创作品的保护意识。其次要注重版权保护，可以与外部版权管理公司合作，比如加入"维权骑士"，该公司可以针对图文创作者内容保护技术，通过在全网范围内对原创内容进行7×24小时全天候检测，帮助作者快速揪出抄袭者；同时还可以采用视频指纹识别技术，将版权内容转化为数码指纹，经过裁剪、模糊、翻转等处理锁定侵权内容，保护版权内容有序传播。"维权骑士"还提供证据保全、诉讼维权、先行赔付等业务，为需要维权的用户提供帮助。再次，不同的知识付费平台之间应签订跨平台版权保护协议，一旦平台之间遇到版权纠纷，双方能够相互配合完成维权（郭宇等，2021）。又次，知识付费平台还要进一步便捷维权功能，多采纳先进技术，如区块链、人工智能等技术，添加水印、原创认证等，实现技术维权。最后，政府在促进知识付费平台发展时，也要充分考虑法律法规运用到知识付费平台的可行性与适用性，加大违法处罚力度、震慑侵权者，加大知识产权监管和执法力度，通过"知识产权宣传周"等相关活动，加强用户对知识付费平台版权的保护意识。

（3）知识付费平台知识提供者持续知识供给行为对于知识付费平台的可持续发展至关重要。通过访谈发现，知识提供者与知识付费平台之间是一种共生、共建、共享、共赢的关系。平台和知识提供者都需要放开心态，互相包容和支持，共建共享共赢。从长远来看，知识提供者持续提供有深度的、有价值的、优质的内容，以满足用户需求，提高用户满意度，可以大大提升平台的权威性和专业性，利于促进平台持续经营和高质量发展。此外，知识提供者还可以及时反馈用户的意见，以改善知识付费平台的服务质量，提高平台的知名度和口碑，带动平台的可持续发展。

第六章

知识付费平台持续发展阻力及转型路径

在对知识付费文献，以及知识付费平台官网、公众号、App 及媒体报道等文本性数据进行分类的基础上挖掘其本质，可以识别出影响知识付费平台发展的阻力和制约因素。识别知识付费平台持续发展阻力因素的意义在于：可以帮助平台优化服务、提升内容质量，提高人们获取知识的效率和质量；可以帮助平台更好地把握市场状况，及时调整自己的发展策略和运营模式，以应对风险和挑战；可以促进知识付费平台健康发展的"一小步"转变，推动知识经济向前发展的"一大步"跨越。

一、知识付费平台持续发展阻力识别

（一）内容：后劲不足

知识付费平台提供的内容质量直接影响其可持续发展。这方面的制约因素归纳起来通常表现为以下两个方面：一是知识持续产出机制欠缺。创作者自身素质有限、知识生产耗费大量时间成本、碎片化知识本身的缺陷等因素都制约着知识生产者的持续知识生产供给能力。现有知识付费平台存在激励知识提供者持续为平台贡献知识的动力不足、知识变现模式不灵活、内容创新不够从而无法为用户持续创造价值等问题，难以使有辨识度的付费知识在泛滥的信息海洋中脱颖而出。二是优质内容产能不足（王娟娟，2021）。比如：提供的内容过分专注头部化，忽视了长尾小众内容，无法有效全面满足用户的个性化需求；提供的内容过度商业化，深度、专业性和权威性缺乏，导致知识狭隘化弊端出现；对用户知识需求的精细化挖掘不够（郭宇等，2021），导致内容精准适配不足；知识内容把关人严重缺位，存在内容提供者门槛较低、过度赶追热点潮流、内容筛查不严等问题，导致内容同质化严重，质量良莠不齐，知识"核心"遭到破坏。这些都严重影响了用户的体验感和持续付费意愿。

（二）服务：闭环存有缺口

大部分知识付费平台能够抓住用户的"焦虑"痛点，但问题主要在于，激发用户的焦虑并完成知识售卖之后，并没有提供持续有效的服务切实帮助用户缓解焦虑、有效获取知识并提升自身效用，即贩卖焦虑与解决焦虑并没有形成完整闭环，导致用户的持续付费意愿处于较低水平，制约了平台的可持续发展。这主要体现在以下两个方面：一是知识付费产品的供需双方信息不对称导致学习效果不理想。众所周知，当前知识付费平台通常采取"先付款后体验"的模式，由于用户与知识提供者之间并不熟悉，因而知识提供者的能力通常无法有效评判，由此带来的信息不对称问题，容易导致用户期望得不到确认，满意度低。根据用户反馈结果来看，许多消费者认为知识付费平台的学习效果难以达到预期，除了用户自身因素之外，还有一部分原因是平台对内容的宣传夸大其词，试听课程内容质量较高，而整体水平一般，导致一些用户出现了购后不满意、与预期感知不符等情况（周敏和孙玺，2018），影响了用户的持续付费意愿。二是"重知识售卖、轻知识服务"的思维导致知识付费平台复购率低、完课率低、使用时长短。知识付费，购买不等于获得，有解不意味着受教（胡妍妍，2021）。除了用户自身的学习努力之外，知识付费平台营造的社群氛围、鼓励用户不断参与的机制、对用户的陪伴关注以及激励用户学习投入的机制还存在一些不足。整体而言，若知识付费平台过分追求营销、盲目追逐经济利润，极易形成"重知识传播、轻知识生产价值"的思维，对内容服务价值的关注不够，跟踪与督促机制缺失，导致许多付费订阅用户的后续产品完成率和复购率都处于较低水平。

（三）知识产权保护：侵权问题屡禁不止

知识产权保护侵权问题屡禁不止，成为制约知识付费平台生存的因素。互联网的快速发展实现了线上资源快速整合，但也带来了诸多知识产权保护方面的问题。例如，随处可见的微信公众号、QQ群、网络店铺等打着"低价""免费"的招牌"非法搬运"付费知识。此外，跨平台抄袭复制行为、非授权转载现象层出不穷，逐渐成为制约知识提供者持续输出优质内容的关键因素。目前来看，大部分侵权主体以"散户"居多，侵权者的个人信息难以详细追踪，就版权方个人而言找出侵权人的可能性极低；举报通过率较低，同时举报成功后的查处力度也较弱，比如直接使用应对互联网侵权的"通知－删除"规制，将被举报的内容删除（邹禹同和张志安，2020），因而相比侵权者的低成本，维权方要耗费大量的时间、精力。进一步来看，由于多数侵权行为表现出"大规模""高频次"等特点，版权方一般很难通过诸如诉讼等法律手段来处理，所以维权方式显得相对温和。受"知识免费共享"观念的影响，屡禁不止的知识侵权行为无疑是知识付费平台留住用户、扩大规模，实现长足发展的"绊脚石"。

二、知识付费平台持续发展路径探索

在知识付费行业规模扩大、增速放缓的新常态下，如何保证消费者的复购意愿至关重要。通过对已有文献进行整理，知识付费平台持续发展的路径探索如图6-1所示。

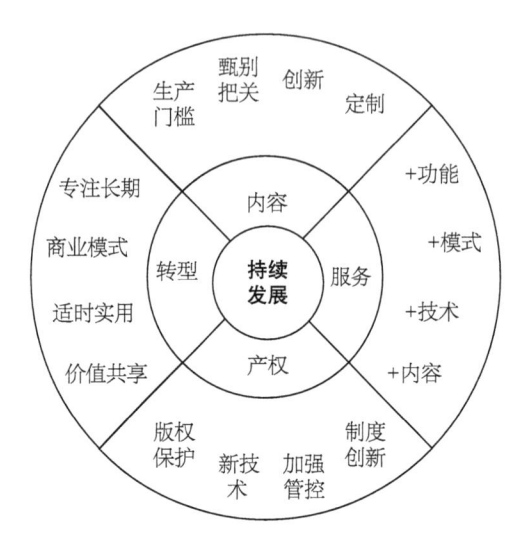

图6-1 知识付费平台持续发展的路径探索

注：根据相关文献资料整理得到。图中所列因素为主要因素，其他方面比如开发激励知识生产者的有效机制、建立平台生态系统、知识供给方转型等未包括在内。

（一）品质为王：严把付费知识内容关

对付费知识的生产者而言，持续、有效的知识生产激励机制是知识付费平台产出优质内容的有力保障。通过增加利益分成，多元化变现模式，加大创作扶持力度，鼓励知识提供者持续产出优质内容，实现良性循环。对付费知识的消费者而言，在"品质为王"的时代，对内容品质的严格把关是提高用户持续消费意愿，实现知识付费平台持续健康发展的根本要求。第一，提高知识生产者的门槛。对侧重于专业用户生成内容（Professional User Generated Content，PUGC）的平台而言，可以推广"专家+一般用户"的联合生产方式，不断创新内容，保证持续输出高质量的知识内容，从附加形态和附加价值两个方面来提升知识价值（王菱和罗渝，2022）。第二，提高内容把关能力和甄别精度。对于用户生成内容的平台而言，通过完善内容的细分、筛选、审核和评价流程，切实满足用户在知识付费平台获取知识给养的动机，为其提供实现自身成长和发展的平台；同时要保证内容质量，付费知识产品的内容应该贴近用户需求，深入浅出，并且具有实用性，如果内容质量下降，用户不仅不会持续付费，而且可能会流失。第三，推陈出新，不断创新内容。知识付费用户多集中在18~35岁（卢艳强和王铮，2022），通过持续的用户反馈和调研，了解用户的需求和偏好，不断更新付费知识产品的内容来满足用户不断变化的兴趣和需要，以保持付费知识产品的新鲜感和吸引力。第四，满足用户需求，推出个性化内容。越来越多的用户在学习过程中呈现出多样化的需求及期望，根据这一特征，平台在后续推出知识内容时，应将定制化、个性化、分众化的知识融入其中（毛增余和余静宜，2021；郭宇等，2021），力求内容的独特性、趣味性和精细性，这对培养忠实"粉丝"大有裨益。

（二）"服务+"：重塑价值交付方式

重塑价值交付方式的关键在于关注消费者在付费知识平台可持续发展中扮演的重要角色。在打造高质量知识付费平台的过程中应当以消费者为导向，重点在用户需求上寻求突破，在增强用户付费意愿上下功夫，以"痛点"破"卖点"。第一，"服务+功能"。知识付费平台如果能提供一些独特的、让人印象深刻的或是让用户觉得特别有价值的特色功能，用户的付费意愿也会更加强烈。例如，可以通过添加直播授课功能、信息筛选功能、社区互动功能等方式优化服务，提升互动效果，形成高卷入度的氛围，为用户提供具有持续输出价值的体验（郭宇等，2021）。第二，"服务+模式"。聚焦影响消费者持续购买的动因，合理调整付费模式，科学确定免费体验学习时长，当用户通过真实体验确定有真实需求时，再付费购买，其学习效果会更加明显，可以较大程度上缓解用户"知识焦虑"，增强用户持续付费意愿。此外，知识付费平台对于学习内容及学习结果的宣传应明确、具体、真实，为用户提供更明确的选择，合理控制用户的预期水平。第三，"服务+技术"。随着数字技术的不断发展，使用数字技术和算法对用户行为进行建模，构建用户知识付费全景画像（郭宇等，2021），通过算法实现精准推送，可以在一定程度上提升用户消费体验，不仅可以精准锁定用户"痛点"、判断用户偏好，而且方便收集用户建议与反馈以改进产品与服务，从而增加用户黏性，提升用户复购意愿。运用机器学习和人工智能技术还可以分析用户的需求和学习习惯，从而提供定制化的学习路径和内容，这将增强用户学习效果，帮助用户更快地掌握知识和技能，未来知识付费平台将更加智能化和个性化。第四，"服务+内容"。知识付费平台倾力打造"内容+服务"模式（宋扬，2019），为用户提供全方位的安心服务保障。具体而言，建立"情感信任+价值反哺"机制，注重长期陪伴式学习，帮助用户形成学习习惯。例如，可以积极开辟学习与交流专区，通过构建互动社群建立情感连接，培养无缝信任感（李杉，2021），让用户之间建立联系，进行互动和分享，这不仅有助于增强用户黏性，提升用户持续付费意愿，而且有利于营造专属社群文化氛围，有利于用户之间的互相学习和共同进步。

（三）阳光下共享：筑牢发展基石

健全知识产权保护机制，筑牢知识付费平台发展基石，让知识在阳光下共享。第一，加快制度创新。明确适合的知识产权保护强度，适度地制定知识产权保护策略（郭宇等，2021），辅助提升知识质量。此外，还应不断革新知识产权保护机制、评价标准和治理手段，通过构建温和的平台知识产权体系，加快转变知识产权保护方式，盘活网络生态，建立知识产权保护的长效运行机制。第二，加大打击力度。一方面，版权方通过缩短版权授予链，让付费知识的传播实现全流程可视可控，激发网络版权保护新动能，深度聚焦维权堵点；同时，可以通过升级反盗版系统避免无节制传播问题的出现。另一方面，相关主管部门应对盗版平台、侵权盗版行为进行追责，制定知识产权保护的"高压线"，增强知识付费平台各参与者的知识产权保护意识，推动知识产权保护改革迈向纵深。第三，积极采纳新技术。通过科技赋能，深入挖掘区块链、语音识别、数字水印等新技术在侵权查处中的效用（王娟娟，2021），并设置相关功能加强知识产权保护，如禁止转载，允许规范转载，允许付费转载，等等，充分利用新技术助力版权保护，为解决非授权分享问题提供新思路。第四，针对目前存在的跨平台版权抄袭问题，参照知乎和微信公众号在平台内部建立起的检举机制及投诉通道，有效阻断自媒体的不良窥伺行为（邹禹同和张志安，2020）；还可以通过与外部版权管理公司合作的方式，比如加入"维权骑士"或鲸版权，进行侵权监测、传播数据监测，结合AI智能监测技术，实时监测数据信息，方便及时采取维权措施。

（四）转型创新：专注长期主义

知识付费平台实现高质量持续发展的诀窍在于秉承长期主义。只有在经营思维上舍弃贪多求快，才能在经营绩效上赢得持续创收（何奎，2021）。为此，知识付费平台方需做出以下几点努力：一是具备"价值共享思维"。知识付费平台方可基于内容、市场、利益相关方及社会间的耦合关系，全面关注各方参与者的价值创造与提升，助力闭环价值体系的整体构建。二是注重"内容适时实用"。知识付费平台要围绕用户需求，适时更新内容选题，致力于不断开发具有较强实用性的选题，注重付费知识带给用户的实用价值（王菱和罗渝，2022），关注市场近期动向，大胆对炙手可热的市场需求进行尝试和转变，及时满足用户对应用价值的追求。三是创新商业模式。转变经营管理理念，通过角色重构达成战略转型，高效应对外部冲击与挑战。此外，知识付费平台还可以考虑由粗放化向精细化转型，由重视头部关键意见领袖向重视腰部关键意见领袖转变（武胜良，2020），适时跨界，加强与风口平台、知识提供者的合作与联合运营（毛增余，2021），逐步向知识服务提供商转型。

回顾以往，影响知识付费行业持续发展的阻力还有很多，扭亏为盈势在必行；翘首未来，对于转型的探索与尝试只是重获新生前经历的"阵痛"，突破逆境未来可期。在终身学习观念主导下，知识付费平台迎来了发展的春天，但要注意不断淬炼内容与服务，因为长期来看，平台活跃用户数量和付费增长率仍是平台实现营业收入增长的关键。由此，抓住知识本质，提供优质服务，用更高的质量、更满意的体验来提升用户的满意度和忠诚度，知识付费平台在持续经营及高质量发展之路上才能行稳致远。

第七章

结论与展望

一、研究结论

本书以知识付费平台及其参与者为研究对象,结合知识付费平台的多元化服务场景以及用户内容需求的多元化、服务的个性化、价值的体验性特点,在价值共创理论基础上,按照"主体—行为—效果"的逻辑分析了知识付费平台生态系统(知识付费平台、知识提供者、用户)价值共创机理,并分别从知识付费平台知识需求方和知识供给方视角出发,探讨了影响知识付费平台知识需求方和知识供给方持续行为的因素,最后识别出知识付费平台持续发展的阻力,并有针对性地提出知识付费平台持续发展的路径。

(1)知识付费平台持续发展文献综述与理论基础。对知识付费的含义、类型、兴起动因和发展历程进行了界定、剖析、归纳和总结,对知识付费平台的含义、分类及典型的知识付费平台进行了界定、归纳和梳理,分别从用户和知识生产者的角度分析了影响其持续付费和持续供给行为的因素,并通过内容分析法对影响平台持续发展的制约因素进行了归纳总结。该部分研究还对知识付费平台持续发展的相关理论,包括期望确认理论、信息系统成功模型、感知价值理论、知识共享相关理论、可持续发展理论等进行了述评,为后续研究奠定了理论基础。

(2)知识付费平台生态系统价值共创机理研究。该部分旨在通过价值共创视角深度探索知识付费平台持续发展机理。首先对知识付费平台价值共创的理论基础进行了阐述,包括价值、价值创造、价值共创的概念界定。价值共创的两大主要理论为,顾客/消费者主导逻辑和服务主导逻辑以及二者间的异同。在代表性知识付费平台价值共创模型的基础上，按照"主体—行为—效果"的逻辑，剖析了知识付费平台价值共创机理。其中，价值共创主体包括知识付费平台、用户和知识提供者，价值共创行为包括付费前阶段——用户连接阶段、付费购买阶段——双方互动阶段、购后阶段——信息反馈阶段。在知识付费的不同阶段，价值共创主体价值互动侧重点不同，承担的功能也有差异。无论如何，价值共创主体价值互动目标是实现价值互动，进而促进知识付费平台可持续高质量发展。价值共创活动形成了几种关键的价值类型，对于整个生态系统而言，价值共创活动整合了各类资源与能力，各方参与者通过交换与共享资源共同创造价值，维护动态平衡，推动实现生态系统各层面间的良性循环。

（3）知识付费平台用户持续行为研究。该部分研究分为三个方面：知识付费平台用户满意度评价研究，基于感知价值的用户持续付费意愿研究，知识付费平台用户"网络囤积"现象、原因和解决策略。这三个方面都是基于用户视角，首先构建了付费订阅用户满意度评价指标体系，包括4个一级指标和24个二级指标，综合运用层次分析法和模糊综合评价法，对250名在线知识付费订阅用户进行调查，收集数据并进行了实证研究。结果表明，影响在线知识付费订阅用户满意度的一级指标权重排序为：内容质量＞服务质量＞互动质量＞平台特征。付费订阅用户对在线知识付费平台的综合满意度水平位于一般满意与满意之间，接近满意的下限，还有一定的提升空间。其次，基于感知价值理论，探索了在线知识付费订阅用户感知价值的维度，通过问卷调查收集相关数据，实证验证了不同维度的感知价值对在线付费订阅用户的满意度和持续付费意愿的影响。研究发现：情感价值、社会价值和质量价值正向显著影响用户持续付费意愿，用户满意度在感知价值和持续付费意愿中发挥部分中介作用。研究结论为在线知识付费平台建设与高质量发展提供了路径参考。最后，针对知识消费者付费购买知识产品后可能存在付费订阅但不学习或忘记学习的情况,即"网络囤积症"现象进行了原因分析并提出了解决方案。

(4)知识付费平台知识供给者持续知识供给行为研究。该部分内容是立足于知识付费平台的付费知识产品或服务供给端,运用NVivo 11软件,用扎根理论研究的方法对访谈获得的文本资料进行逐级编码,即按照开放式编码、主轴编码和选择式编码的顺序进行。秉承开放的研究态度,对原始数据进行逐句分析编码、标签化,提炼出常用的概念,最终得到134条初始概念、26个基本范畴、7个主范畴,提炼出了知识提供者持续知识供给行为的影响因素,并在对范畴关系进行梳理的基础上构建了理论模型。研究发现,在供给者自身因素、平台环境、平台激励机制、阻碍因素的直接作用下,知识提供者会出现持续知识供给行为,也可以通过其供给动机的中介作用对持续知识供给行为产生间接影响。版权保护维度包括侵权管理和维权管理两个主范畴,通过这两个主范畴也会直接影响知识提供者的持续知识供给行为。

(5)知识付费平台持续发展阻力及转型路径探索。本研究识别出知识付费平台持续发展的三大阻力,即内容、服务和知识产权保护,提出了严把付费知识内容关、重塑价值交付方式、筑牢发展基石、专注长期主义等知识付费平台持续发展路径。

二、研究展望

在对全书进行了归纳与总结之后,必须指出的是,尽管本研究基本完成了所提出的理论构想,获得了一些重要且有意义的结论;但由于笔者的知识结构、研究条件及研究能力等客观因素的制约,对知识付费平台持续发展路径的探索研究仍存在许多不足之处,需要在未来研究中加以改善和深化。本研究所存在的局限性主要包括以下两点。

（1）关于样本和抽样方面的问题。本书在第四章和第五章分别针对知识付费平台的付费知识产品或服务的需求端和供给端展开了调研和访谈。尽管笔者花费了大量的时间和精力发放与回收调查问卷，所获得的有效问卷的数量基本上满足了回归的要求，但样本量仍比较小。在未来的研究中，应该花费更多的时间与精力，采取更加有效的方式与途径，在更广泛的付费订阅用户群中收集更多的问卷，采取更加随机的方式进行抽样，增加样本量，使样本具有更好的代表性。在访谈中通过各种途径获得访谈对象的支持，样本数据也已经达到饱和，研究具有一定的可信性和有效性，但是由于受访者的时间、精力等限制，再加上自身研究视域的局限，本书未获得一些专业人士的支持，比如得到App上开设专栏的专业人士，未来如能获得这类知识创作者/供给者的访谈信息，可能研究结论会更有说服力。此外，本书着重于付费订阅和付费问答这两种知识付费类型的研究，前文也阐述了知识付费的种类有很多，那么本研究所得到的结论是否适用于其他知识付费类型，还有待未来研究继续探索。

（2）关于模型中变量方面的问题。在本书的第四章中，重点关注了感知价值对付费订阅用户的满意度及持续付费意愿的影响，今后可继续探索感知价值、用户满意度的其他影响因素，以及相关调节变量，构建更为综合的模型阐述这些变量之间的关系。此外，第四章关注的是知识付费订阅模式下的用户行为，因此本章得出的结论是否适合付费问答模式下的用户行为，仍需要收集相关数据进行验证。另外，本章是基于静态模型和横截面数据的研究，未来可以使用纵向数据进一步验证当前的理论模型。

参考文献

[1] 艾媒网.艾媒报告|2020年中国知识付费行业运行发展及用户行为调研分析报告[R/OL].https://www.iimedia.cn/c400/69029.html，2020–02–14.

[2] 艾媒网.消费意愿强烈：2020中国知识付费用户行为调研分析[EB/OL].https://www.iimedia.cn/c1020/69336.html，2020–02–26.

[3] 艾媒咨询.2018上半年中国知识付费行业动态监测报告[R/OL].https://www.sohu.com/a/247142070_533924，2018–08–14.

[4] 艾媒咨询.2018—2019中国知识付费行业研究与商业投资决策分析报告[R/OL].https://www.iimedia.cn/c400/63439.html，2019–01–18.

[5] 艾媒咨询.2020年中国知识付费行业发展专题研究报告[EB/OL].https://baijiahao.baidu.com/s?id=1687327657541777516&wfr=spider&for=pc，2020–12–28.

[6] 艾媒咨询.2022年中国知识付费行业报告[R/OL]. https://www.iimedia.cn/c400/85595.html，2022–05–16.

[7] 艾媒咨询.2022—2023年中国知识付费行业研究及消费者行为分析报告[R/OL]. https://baijiahao.baidu.com/s?id=1737392774775523691&wfr=spider&for=pc，2022–07–04.

[8] 艾媒咨询.2023年中国知识付费行业现况及发展前景报告[EB/OL]. https://baijiahao.baidu.com/s?id=1761512948012384046&wfr=spider&for=pc，2023–03–27.

[9] 鲍静，裘杰.内容、平台、社交、服务：在线知识付费持续发展的四大面向[J].出版科学，2019，27(2): 65–70.

[10] 鞭牛士.今日头条升级"优质创作者计划"，全面激励优质内容[EB/OL]. https://baijiahao.baidu.com/s?id=1753349380372473904&wfr=spider&for=pc，2022–12–27.

[11] 蔡舜，石海荣，傅馨，等.知识付费产品销量影响因素研究：以知乎为例[J].管理工程学报，2019，33(3): 71–83.

[12] 蔡晓东，董永权.MOOC平台功能体验对平台持续使用意向的影响研究[J].成人教育，2021，41(2): 18–23.

[13] 陈昊，焦微玲，李文立.消费者知识付费意愿实证研究——基于试用视角[J].现代情报，2019，39(2): 136–144.

[14] 陈向明.扎根理论的思路和方法[J].教育研究与实验，1999 (4): 58–63.

[15] 陈小卉，胡平，周奕岑.知乎问答社区回答者知识贡献行为受同伴效应影响研究[J].情报学报，2020(4): 450–458.

[16] 陈月盈，张潇潇.仅仅是"知识"吗——服务质量，社群建设与知识付费用户的持续使用意愿[J].中国出版，2022 (6): 58–62.

[17] 程亚娟，张峥.基于博弈论的直播带货监管制度设计[J].科技和产业，2022，22(2):335–339.

[18] 崔智斌，涂艳.基于感知价值及动机理论的付费知识持续贡献行为研究——以知乎Live为例[J].知识管理论坛，2020，5(6): 398–406.

[19] 邓胜利，蒋雨婷.用户交互特征对知识付费行为预测的贡献度研究[J].图书情报工作，2020，64(8): 93–102.

[20] 丁栋虹，杨志博.社会化问答网站知识共享的影响因素——基

于知乎的案例研究[J]. 管理案例研究与评论，2016，9(3): 212-223.

[21] 丁丽丽. 出版企业开展国际版权合作新路径——"走出去"变为"走进去"[J].传媒论坛，2019，2(13):91.

[22] 董开栋. 知识问答社区答主形象对用户付费意愿的影响机理——以微博问答为例[J]. 现代传播：中国传媒大学学报，2020 (5): 144–148.

[23] 杜骏飞. 知识付费的错觉[J]. 新闻与写作，2017 (11): 77–78.

[24] 杜艳艳，姜琳. 浸合理论视域下用户参与知识社群的影响要素与策略探析[J].中国出版，2023(3): 49–54.

[25] 杜智涛，徐敬宏. 从需求到体验：用户在线知识付费行为的影响因素[J]. 新闻与传播研究，2018，25(10): 18–39+126.

[26] 范建军. 移动知识付费平台评论分析——以"得到"App为例[J]. 图书馆学研究，2018(5): 67–70+82.

[27] 方爱华，陆朦朦，刘坤锋. 虚拟社区用户知识付费意愿实证研究[J]. 图书情报工作，2018，62(6): 105–115.

[28] 方军. 付费：互联网知识经济的兴起[M]. 北京：机械工业出版社，2017.

[29] 方军. 知识产品经理手册：付费产品版[M]. 北京：机械工业出版社，2018.

[30] 冯狄. 质性研究数据分析工具NVivo12实用教程[M]. 北京：人民邮电出版社，2020.

[31] 甘春梅，黄悦.社会化问答社区不同用户行为影响因素的实证研究[J].图书情报知识，2017(6):114–124.

[32] 高志辉. 付费有声书知识服务满意度研究——以"樊登读书"为例[J].情报科学，2020(5): 98–105+119.

[33] 郭梦雨.知识问答社区的版权保护问题研究——以知乎为例[J].新闻研究导刊，2017，8(5):81-82.

[34] 郭宇，郭勇，刘文晴，等.国内互联网知识付费研究现状与发展趋势[J].图书情报工作，2021，65(24): 100-108.

[35] 郭宇，刘文晴，孙振兴，等.用户视角下知识付费平台版权保护影响因素分析[J].情报科学，2021，39(10): 18-24.

[36] 韩子超，张友棠.社会责任信息披露、资本成本与企业持续发展能力——基于印象管理视角[J].财会通讯，2022(3): 41-46.

[37] 何奎.下一个十年，知识付费行业或面临"六大升级"[J].出版广角，2021(22): 42-45.

[38] 胡妍妍.知识付费成为知识服务新潮流——数字时代的文化生活[N].人民日报，2021-04-02.

[39] 金兼斌，林成龙.用户生成内容持续性产出的动力机制[J].出版发行研究，2017 (9): 5-11.

[40] 金晓玲，汤振亚，周中允，等.用户为什么在问答社区中持续贡献知识——积分等级的调节作用[J].管理评论，2013，25(12): 138-146.

[41] 金小璞，徐芳，毕新.知识付费平台用户满意度调查与提升策略[J].情报理论与实践，2021，44(5): 146-152.

[42] 金鑫.知识付费平台的用户行为研究[M].北京：中国社会科学出版社，2021.

[43] 金鑫.知识付费平台用户采纳意愿影响因素实证分析[J].中国出版，2020 (20): 50-54.

[44] 金鑫，朱亮亮.知识付费平台用户持续使用意愿的影响因素分析[J].传媒，2020 (14): 73-76.

[45] 匡文波，马茜茜."知识焦虑"缘何而生[J].人民论坛，2019(3):

127-129.

[46] 李海峰，王炜.为什么要共享知识——基于系统文献综述法的虚拟学习社区知识共享影响因素探析[J].中国远程教育，2021(11): 38-47+77.

[47] 李华锋，张瑞琦，段加乐.基于元分析的在线持续知识共享意愿影响因素研究[J].情报科学，2023，41(1): 49-60.

[48] 李亮宇.互联网时代的价值基础战略：价值获取视角[J].宜春学院学报，2018，40(8): 32-41.

[49] 李南南，得到头条.不做"电子仓鼠"：怎样应对数字囤积？[EB/OL]. https://www.dedao.cn/share/course/article?id=qzk8vQM4oYjrXm1gN3Xw6bEOLl5GPx&trace=eyJzX3BpZCI6IjEwODEyMSIsInNfcHR5cGUiOiI2NSIsInNfdWlkIjoyMTkyMDAxMTd9，2024-02-21.

[50] 李鹏，马永祥.粉丝效应下的网络盗版侵权[J].新闻爱好者，2020(12):63-65.

[51] 李青维，廖铭，赵雪芹.信息生态视角下有声读物平台用户满意度影响因素研究[J].现代情报，2023，43(11): 168-177.

[52] 李睿智，齐航，相薨薨，等.在线付费问答平台用户持续使用行为影响因素研究[J].情报探索，2021(9): 94-101.

[53] 李杉.基于用户行为的知识付费平台运营策略研究[J].中国出版，2021(16): 58-60.

[54] 李偲，沈超海.知识付费平台会员服务价值感知对消费意愿的影响——基于大学生群体的实证分析[J].中国出版，2022(12): 22-25.

[55] 李武.感知价值对电子书阅读客户端用户满意度和忠诚度的影响研究[J].中国图书馆学报，2017(11): 35-49.

[56] 李武, 艾鹏亚, 谢蓉. 基于感知价值视角的在线付费问答平台用户付费意愿研究[J]. 图书情报知识, 2018(4): 4-14.

[57] 李武, 艾鹏亚, 许耀心. 在线付费问答平台的用户付费模式及付费意愿研究[J]. 图书情报工作, 2018, 62(13): 24-29.

[58] 李武, 崔家勇, 周荔. 知识付费有助于缓解知识焦虑吗——来自一项混合研究的经验证据[J]. 图书情报知识, 2022, 39(3): 103-115.

[59] 李武, 许耀心, 丛挺. 在线付费问答平台用户感知价值对付费意愿的影响——基于过去行为的调节效应分析[J].新闻界, 2018(10): 92-100.

[60] 李武, 赵星.大学生社会化阅读App持续使用意愿及发生机理研究[J].中国图书馆学报, 2016, 42(1):52-65.

[61] 李希灿. 模糊数学方法及应用[M]. 北京: 化学工业出版社, 2017.

[62] 李雪昆. 助力终身学习,"得到"陪你"存学分"[EB/OL]. http://epaper.chinaxwcb.com/app_epaper/2023-12/13/content_99835074.html, 2023-12-13.

[63] 李颖, 肖珊. 知识问答社区用户心流体验对持续知识共享意愿的影响研究——以PAT模型为视角[J]. 现代情报, 2019, 39(2): 111-120.

[64] 林彦汝, 余丰民, 侯素芳. 基于ECT理论的知识付费用户满意度影响因素研究[J]. 新世纪图书馆, 2020(1): 25-29.

[65] 刘德文, 闵凉宇, 高维和.演化博弈视角下知识付费平台激励机制研究[J].现代管理科学, 2022(3):66-74.

[66] 刘鸣筝, 王雨婷. 短视频阅读推广账号用户需求与满意度评价——兼论对图书馆阅读推广的启示[J]. 图书馆学研究,

2023(7): 92-101+91.

[67] 刘齐平，何国卿，王伟军. 基于质性分析的知识付费平台用户持续使用行为研究[J]. 情报科学，2019，37(7): 133-138.

[68] 刘献泽. 高管薪酬、儒家文化与企业可持续发展[D]. 济南：山东财经大学，2022.

[69] 刘益灯. 网络消费维权的难点及对策[J]. 人民论坛，2021(14):81-83.

[70] 刘友芝. 知识付费平台持续发展的现实瓶颈与创新突破[J]. 编辑之友，2018(11): 22-27.

[71] 刘征驰，马滔，申继禄. 个性定制、价值感知与知识付费定价策略[J]. 管理学报，2018，15(12): 1846-1853.

[72] 卢春天，马溯川，孔芸. 知识付费：特征、成因与影响[J]. 中国青年研究，2020(10): 5-10+20.

[73] 卢恒，张向先，肖彬，等. 在线用户知识付费意愿的影响因素及其调节变量：元分析研究[J]. 图书情报工作，2021，65(13): 44-54.

[74] 卢恒，张向先，张莉曼. 语音问答社区用户知识付费意愿影响因素研究——基于现状偏差的视角[J]. 情报科学，2019，37(6):119-125+162.

[75] 卢恒，张向先，张莉曼，等. 理性与偏差视角下在线问答社区用户知识付费意愿影响因素构型研究[J]. 图书情报工作，2020，64(19): 89-98.

[76] 卢艳强，李钢. 网络环境下的用户持续知识分享行为分析：TRA、TPB与持续使用理论的比较[J]. 图书馆理论与实践，2019(3): 50-55+81.

[77] 卢艳强，王铮. 用户持续在线知识付费行为的影响因素研究——免费意识的调节作用[J]. 图书情报工作，2022，66(24):39-50.

[78] 陆泽宇,查先进,严亚兰.社交媒体环境下智能推荐内容点赞行为影响机理研究[J].现代情报,2023,43(2):42-55.

[79] 马婕,刘兵,张培.价值共创与价值共毁整合框架:内涵、动因及形成机理[J].管理现代化,2021,41(4):101-105.

[80] 马一德.中国知识产权治理四十年[J].法学评论,2019,37(6):10-19.

[81] 毛增余,余静宜.出版业知识服务平台发展前景与创新运营方法[J].中国出版,2021(16):51-54.

[82] 孟嘉,邓小昭.在线问答平台用户付费围观行为路径及影响因素研究[J].情报理论与实践,2022,45(4):146-153.

[83] 潘梦雅,沈旺,代旺,等.社会化问答社区答题者发现研究[J].图书情报工作,2020,64(18):76-88.

[84] 彭毫,罗珉.平台生态:价值创造与价值获取[M].北京:北京燕山出版社,2020.

[85] 彭兰.平台机制与用户意愿:知识付费的两大要素解析[J].中国编辑,2018(11):11-17.

[86] 祁红梅,杨凯麟.知识网红信息源特性对用户付费行为影响研究[J].价格理论与实践,2021(7):141-144+166.

[87] 齐托托,白如玉,王天梅.基于信息采纳模型的知识付费行为研究——产品类型的调节效应[J].数据分析与知识发现,2021,5(12):60-73.

[88] 齐托托,赵宇翔,汤健,等.在线评论对知识付费产品购买决策的影响研究——卖家回复的调节作用[J].南开管理评论,2022,25(2):147-158.

[89] 钱慈艺.网络问答平台价值共创研究——以知乎为例[D].上海:华东师范大学,2022.

[90] 秦芬，郭海玲.信息觅食视角下付费问答社区中的围观行为研究[J].图书情报知识，2023，40(4): 122-133+152.

[91] 邱海平.21世纪再读《资本论》[M].北京：人民邮电出版社，2016.

[92] 全媒派.知识付费升级：产品与用户之间的博弈才刚刚开始 [EB/OL]. https://www.woshipm.com/operate/2098134.html，2019-03-20.

[93] 饶琪瑶，戴书凝，张涛.基于IS模型的用户知识付费平台持续使用研究[J].科技传播，2021，13(22):155-158.

[94] 任丽丽.林业专业技术人员绩效考评体系构建研究[D]. 保定：河北农业大学，2008.

[95] 任丽丽.知识分享的动机与途径研究述评[J]. 当代经济管理，2012，34(5): 18-27.

[96] 任丽丽.中外合资企业知识转移：影响因素及效能结果研究[D].成都：西南财经大学，2011.

[97] 任丽丽，岳东林，苗萌.用户在线知识付费研究综述[J].河北工程大学学报：社会科学版，2020，37(1): 8-15.

[98] 任丽丽，张姣姣.你为"知识付费"买单了吗？[J]. 企业管理，2023(10): 50-52.

[99] 任丽丽，郑永武.在线知识付费订阅用户满意度评价研究[J].知识管理论坛，2022(1): 72-86.

[100] 荣跃明.知识付费的运行机制及其争议[J]. 探索与争鸣，2019(7): 5-7.

[101] 山下英子. 断舍离[M]. 吴倩，译. 南宁：广西科学技术出版社，2013.

[102] 沈嘉熠.知识付费发展现状与未来展望[J].中国编辑，2018

(11): 35–39.

[103] 沈君菡，周茂君. 知识付费模式下的市场逻辑与发展策略[J]. 中国出版，2019(7): 38–42.

[104] 拾枫. 知乎2023年上半年收入20亿元　平均月活跃用户1.06亿[EB/OL]. https://www.dsb.cn/226065.html，2023-08-24.

[105] 石姝莉，王嘉灏. 知识付费背景下移动阅读用户持续行为升级路径[J]. 中国出版，2022(2): 55–61.

[106] 宋明珍，刘锦宏，张玲颖. 知识付费用户消费行为研究[J]. 出版科学，2021，29(4): 70–81.

[107] 宋扬. 服务、游戏、圈层：垂直领域知识付费的场景化发展路径[J]. 编辑之友，2019 (11): 39–43.

[108] 孙宏才，田平，王莲芬. 网络层次分析法与决策科学[M]. 北京：国防工业出版社，2011.

[109] 孙金花，何苗，胡健. 感知价值视角下知识焦虑对平台用户知识付费意愿的影响[J]. 现代情报，2021，41(6): 129–138.

[110] 孙晓娥. 扎根理论在深度访谈研究中的实例探析[J]. 西安交通大学学报：社会科学版，2011，31(6): 87–92.

[111] 谭春辉，王晓宇，刁斐，等. 基于fsQCA方法的社会化问答社区用户持续使用意愿影响机理研究[J]. 图书馆学研究，2023(1):74–86.

[112] 陶娜. 价值共创场景下消费者参与企业知识创新的路径[J]. 科技管理研究，2023，43(14):150–159.

[113] 涂剑波，陶晓波，吴丹. 关系质量视角下的虚拟社区互动对共创价值的影响：互动质量和性别差异的调节作用[J]. 预测，2017，36(4): 29–35.

[114] 涂艳，崔智斌，蒋楚钰. 基于用户细分的社会化问答社区知

识贡献激励机制研究[J].北京理工大学学报：社会科学版，2022，24(3):154–167.

[115] 万莉，程慧平.基于自我决定理论的虚拟知识社区用户持续知识贡献行为动机研究[J].情报科学，2016，34(10): 15–19.

[116] 王传珍.知识付费奇点与未来[J].互联网经济，2017 (1): 68–73.

[117] 王果，张立彬.产业视角下短视频领域版权侵权问题研究：边界划定、现状梳理与规则重构[J].情报理论与实践，2023，46(2):63–70.

[118] 王瑾.知识付费时代媒介焦虑营销的困境研究[J].出版广角，2018(13): 68–70.

[119] 王娟娟.我国有声书发展的现状、困境与破局[J].科技与出版，2021，40(12): 63–67.

[120] 王莉雅，王树祥.组态视角下社交型问答社区用户持续知识贡献的影响路径研究——基于社会生态框架[J].科技进步与对策，2023，40(17): 129–138.

[121] 王菱，罗渝.出版社从内容生产商向知识服务商转型的策略探究[J].中国出版，2022(9): 69–71.

[122] 王满四，霍宁，周翔.数字品牌社群的价值共创机理研究——基于体验主导逻辑的视角[J].南开管理评论，2021，24(3): 92–103.

[123] 王鹏涛，章祺.价值共创视域下技术赋能出版知识服务创新机制研究[J].出版广角，2023(23):22–28.

[124] 王若佳，张璐，王继民.基于扎根理论的在线问诊用户满意度影响因素研究[J].情报理论与实践，2019(10): 117–123.

[125] 王文韬，张帅，李晶，等.大学生健康信息回避行为的驱动因

素探析及理论模型建构[J].图书情报工作，2018，62(3): 5-11.

[126] 王雪莲，李嫄，高凯凯，等.订阅型在线知识付费产品用户体验价值的层级路径研究[J/OL].中国管理科学，https://doi.org/10.16381/j.cnki.issn1003-207x.2021.1077.

[127] 魏武，谢兴政.线上知识付费用户继续付费意向影响因素研究[J].数据分析与知识发现，2020，4(8): 119-129.

[128] 文学国，梁冉，夏轶群.移动学习视域下知识付费购买行为影响因素研究——以"知乎"为例[J].图书馆杂志，2023，42(4): 97-111.

[129] 温忠麟，叶宝娟.中介效应分析：方法和模型发展[J].心理科学进展，2014，22(5): 731-745.

[130] 武胜良.知识付费的今天和明天——以知乎、得到和喜马拉雅为例[J].企业管理，2020(11): 81-84.

[131] 吴思，凌咏红，王璐.虚拟品牌社区中互动、信任和参与意愿之间的关系研究[J].情报杂志，2011，30 (10) : 100-105.

[132] 武文珍，陈启杰.价值共创理论形成路径探析与未来研究展望[J].外国经济与管理，2012，34(6): 66-73+81.

[133] 薛云建，董雨，浦徐进.知识付费App用户持续使用意愿的模型构建及实证研究[J].经济与管理，2021，35(4): 17-23.

[134] 严建援，秦芬，李凯.订阅型在线知识付费的商业模式研究[J].管理学报，2019，16(9): 1405-1414.

[135] 严炜炜，陈若瑜，张敏.基于元分析的在线知识付费意愿影响因素研究[J].情报学报，2021，40(2): 204-212.

[136] 杨东红，贺红梅，徐畅.移动音频有声阅读平台用户知识付费行为研究[J].情报科学，2020，38(7): 105-111.

[137] 杨刚，闫璐，房贻庆，等.答案质量反馈对社会化问答社区用

户持续答题意愿的影响研究——以"知乎"平台为例[J]. 图书情报工作, 2020, 64(11): 46–56.

[138] 杨少梅, 王婷, 李胜利. 基于模糊层次分析法的微信英语学习平台用户满意度综合评价——以水滴阅读为例[J]. 图书情报工作, 2019, 63(21): 97–104.

[139] 杨学成, 涂科. 平台支持质量对用户价值共创公民行为的影响——基于共享经济背景的研究[J]. 经济管理, 2018(3): 128–144.

[140] 易观分析. 中国知识付费行业发展白皮书2017 [R/OL]. https://www.analysys.cn/article/detail/1001061, 2017–12–04.

[141] 于鹏. 跨国公司内部的知识转移研究[D]. 济南: 山东大学, 2006.

[142] 袁荣俭. 知识付费: 知识变现的商业逻辑与实操指南[M]. 北京: 机械工业出版社, 2018.

[143] 曾振华. 缓解"知识焦虑"需对症下药[J]. 人民论坛, 2020(14): 80–81.

[144] 查先进, 张坤, 严亚兰. 在线学习平台从众选择行为形成机理的扎根分析[J]. 图书情报工作, 2022, 66(2): 90–98.

[145] 詹映, 张弘. 我国知识产权侵权司法判例实证研究——以维权成本和侵权代价为中心[J]. 科研管理, 2015, 36(7): 145–153.

[146] 张长亮, 王晰巍, 王晨晓. 网络社群用户持续信息共享行为影响因素研究[J]. 情报资料工作, 2019, 40(3): 53–62.

[147] 张德. 组织行为学[M]. 北京: 高等教育出版社, 2019.

[148] 张浣玉. 知识付费的侵权问题、产生原因及建议[J]. 传播与版权, 2019(6): 187–189.

[149] 张洁梅, 王昊. 目标框架对订阅型知识付费意愿的影响研究

[J]. 科研管理，2024，45(2): 200–208.

[150] 张珊. 互联网时代网络知识产权的保护路径[J]. 出版广角，2019，351(21):43–45.

[151] 张帅，李晶，王文韬. 分享经济背景下用户参与意愿影响因素研究——以微博问答为例[J]. 图书馆论坛，2017，37(9): 91–98.

[152] 张帅，王文韬，李晶. 用户在线知识付费行为影响因素研究[J]. 图书情报工作，2017，61(10): 94–100.

[153] 张馨遥，沈涌，张健，等. 基于模糊综合评价的在线健康信息服务用户满意度分析[J]. 情报科学，2018，36(6): 73–78+99.

[154] 张杨燚，彭子健，刘齐凯. 问答平台用户付费围观持续参与意愿的影响因素[J]. 图书馆论坛，2018，38(6): 86–94.

[155] 张颖，朱庆华. 付费知识问答社区中提问者的答主选择行为研究[J]. 情报理论与实践，2018，41(12): 21–26.

[156] 赵保国，姚瑶. 用户持续使用知识付费App意愿的影响因素研究[J]. 图书馆学研究，2017 (17): 96–101.

[157] 赵建彬，景奉杰. 在线品牌社群氛围对顾客创新行为的影响研究[J]. 管理科学，2016，29(4):125–138.

[158] 赵文军，易明，王学东. 社交问答平台用户持续参与意愿的实证研究——感知价值的视角[J]. 情报科学，2017，35(2): 69–74+91.

[159] 赵杨，袁析妮，李露琪，等. 基于社会资本理论的问答平台用户知识付费行为影响因素研究[J]. 图书情报知识，2018(4): 15–23.

[160] 赵宇翔. 知识问答类SNS中用户持续使用意愿影响因素的实证研究[J]. 图书馆杂志，2016，35(9): 25–37.

[161] 赵周.这样读书就够了[M].北京:中信出版集团,2017.

[162] 郑磊,李瑶.知乎研究报告:商业化提速的稀缺知识类社区[EB/OL]. https://baijiahao.baidu.com/s?id=1745010631070674897&wfr=spider&for=pc,2022-09-26.

[163] 中国周刊网,中国青年网.今日头条2023年度平台治理报告,一年累计识别不友善评论2.4亿条[EB/OL]. http://d.youth.cn/xw360/202312/t20231228_14992019.htm,2023-12-28.

[164] 周敏,孙玺.出版行业在知识付费领域中的发展困境与突围路径探析[J].科技与出版,2018,37(6):36-41.

[165] 周涛,檀齐.基于社会资本理论的知识付费用户行为机理研究[J].现代情报,2017,37(11):46-50.

[166] 周涛,檀齐,邓胜利.基于IS成功模型的知识付费用户行为研究[J].现代情报,2019,39(8):59-65.

[167] 周莹莹,陈建斌,程宝栋.在线知识社区用户知识协同绩效的激励组态路径——精神激励还是物质奖励?[J].中国流通经济,2022,36(10):36-45.

[168] 朱瑾,张琳琳,王兴元.社群嵌入下在线知识平台用户价值共创意愿影响路径研究——基于模糊集定性比较分析(fsQCA)[J].营销科学学报,2023,3(3):82-101.

[169] 朱祖平,张丽平.社群服务背景下在线知识付费产品用户持续付费意愿研究[J].东南学术,2020(5):158-166.

[170] 邹禹同,张志安.知识付费语境下自媒体著作权保护困境与对策[J].中国出版,2020(4):58-62.

[171] AARIKKA-STENROOS L,JAAKKOLA E. Value co-creation in knowledge intensive business services: A dyadic perspective on the joint problem solving process[J]. Industrial Marketing

Management, 2012, 41(1): 151-26.

[172] ALI Q. Service quality from customer perception: Evidence from carter model on Bank Islam Brunei Darussalam (BIBD) [J]. International Journal of Business and Management, 2018, 13(2): 138.

[173] ALSABAWY A Y, CATER-STEEL A, SOAR J. Determinants of perceived usefulness of e-learning systems[J]. Computers in Human Behavior, 2016, 64: 843-858.

[174] AMABILE T M, HILL K G, HENNESSEY B A, et al. The work preference inventory: Assessing intrinsic and extrinsic motivational orientations[J]. Journal of Personality and Social Psychology, 1994, 66(5): 9501967.

[175] AMIT R, ZOTT C. Value creation in e-business[J]. Strategic Management Journal, 2001, 22: 493-520.

[176] ANDERSON R E, SRINIVASAN S S. E-satisfaction and e-loyalty: A contingency framework[J]. Psychology & Marketing, 2003, 20(2): 123-138.

[177] ANSHARI M, SYAFRUDIN M, FITRIYANI N. Fourth industrial revolution between knowledge management and digital humanities[J]. Information, 2022, 13(6): 292.

[178] ASHRAF A R, TEK N T, ANWAR A, et al. Perceived values and motivations influencing m-commerce use: A nine-country comparative study[J]. International Journal of Information Management, 2021, 59: 102318.

[179] BAO Z, HAN Z. What drives users' participation in online social Q&A communities? An empirical study based on social

cognitive theory[J]. Aslib Journal of Information Management, 2019, 71(5): 637-656.

[180] BARNES S, VIDGEN R. An integrative approach to the assessment of e-commerce quality[J]. Journal of Electronic Commerce Research, 2002, 3(3): 114-127.

[181] BHATTACHERJEE A. An empirical analysis of the antecedents of electronic commerce service continuance[J]. Decision Support Systems, 2001, 32(2): 201-214.

[182] BHATTACHERJEE A. Understanding information systems continuance: An expectation-confirmation model[J]. MIS Quarterly, 2001, 25(3): 351-370.

[183] BLOOMA M J, KURIAN J C, CHUA A Y K, et al. Social question answering: Analyzing knowledge, cognitive processes and social dimensions of micro-collaborations[J]. Computers & Education, 2013, 69: 109-120.

[184] BO E, TRONVOLL B & GRUBER T. Expanding understanding of service exchange and value co-creation: A social construction approach[J]. Journal of the Academy of Marketing Science, 2011, 39(2): 327-339.

[185] BOULDING W, KALRA A, STAELIN R, et al. A dynamic process model of service quality: From expectations to behavioral intentions[J]. Journal of Marketing Research, 1993, 30(1): 7-27.

[186] BOURDIEU P. The forms of capital[A]. In: Richardson, J.G. (Ed.), Handbook of Theory and Research for the Sociology of Education[C]. Greenwood Press, Westport, CT, 1986.

[187] BOWMAN C, AMBROSINI V. Value creation versus value

capture: Towards a coherent definition of value in strategy[J]. British Journal of Management, 2000, 11(1): 1-15.

[188] BRADY M K, CRONIN J J. Some new thoughts on conceptualizing perceived service quality: A hierarchical approach[J]. Journal of Marketing, 2001, 65(3): 34-49.

[189] BREIDBACH C F, BRODIE R J. Engagement platforms in the sharing economy: Conceptual foundations and research directions[J]. Journal of Service Theory and Practice, 2017, 27(4): 761-777.

[190] BRODIE R J, LÖBLER H, FEHRER J A. Evolution of service-dominant logic: Towards a paradigm and metatheory of the market and value cocreation? [J]. Industrial Marketing Management, 2019, 79: 3-12.

[191] BRYSON J, SANCINO A, BENINGTON J, et al. Towards a multi-actor theory of public value co-creation[J]. Public Management Review, 2017, 19(5): 640-654.

[192] BURTCH G, HONG Y, BAPNA R, et al. Stimulating online reviews by combining financial incentives and social norms[J]. Management Science, 2018, 64(5): 2065-2082.

[193] BUTLER B S. Membership size, communication activity, and sustainability: A resource-based model of online social structures[J]. Information Systems Research, 2001, 12(4): 346-362.

[194] CABRERA A, COLLINS W C, SALGADO J F. Determinants of individual engagement in knowledge sharing[J]. International Journal of Human Resource Management, 2006, 17(2): 245-264.

[195] CAI S, XU Y. Effects of outcome, process and shopping

enjoyment on online consumer behavior[J]. Electronic Commerce Research and Applications, 2006, 5(4): 272-281.

[196] CAI Y, SHI W. The influence of the community climate on users' knowledge-sharing intention: The social cognitive theory perspective[J]. Behaviour & InformationTechnology, 2022, 42(2): 307-323.

[197] CAI Y, YANG Y, SHI W. A predictive model of the knowledge-sharing intentions of social Q&A community members: A regression tree approach[J]. International Journal of Human-Computer Interaction, 2022, 38(4):324-338.

[198] CAMPOS A C, MENDES J, VALLE P O, et al. Co-creation of tourist experiences: A literature review[J]. Current Issues in Tourism, 2018, 21(4): 369-400.

[199] CARRINGTON M J, NEVILLE B A. Marketers are consumers too: Integrating consumer-self in potential value creation [J]. European Journal of Marketing, 2016, 50(5/6): 863-891.

[200] CHAN K W, LI S Y, NI J, et al. What feedback matters? The role of experience in motivating crowdsourcing innovation[J]. Production and Operations Management, 2021, 30(1): 103-126.

[201] CHANG C C. Exploring mobile application customer loyalty: The moderating effect of use contexts[J]. Telecommunications Policy, 2015, 39(8): 678-690.

[202] CHANG C M, HSU M H, HSU C S, et al. Examining the role of perceived value in virtual communities continuance: Its antecedents and the influence of experience[J]. Behaviour & Information Technology, 2014, 33(5):502-521.

[203] CHANG H H, CHUANG S S. Social capital and individual motivations on knowledge sharing: Participant involvement as a moderator[J]. Information & Management, 2011, 48 (1): 9-18.

[204] CHAUDHURI A, HOLBROOK M B. Product-class effects on brand commitment and brand outcomes: The role of brand trust and brand affect[J]. Journal of Brand Management, 2002, 10(1): 33-58.

[205] CHEN C-F, TSAI D C. How destination image and evaluative factors affect behavioral intentions? [J]. Tourism Management, 2007, 28(4):1115-1122.

[206] CHEN C J, HUNG S W. To give or to receive? Factors influencing members' knowledge sharing and community promotion in professional virtual communities[J]. Information & Management, 2010, 47(4): 226-236.

[207] CHEN L, BAIRD A, STRAUB D. Why do participants continue to contribute? Evaluation of usefulness voting and commenting motivational affordances within an online knowledge community[J]. Decision Support Systems, 2019, 118: 21-32.

[208] CHEN W, WEI X, ZHU K. Engaging voluntary contributions in online communities: A hidden Markov model[J]. MIS Quarterly, 2018, 42(1): 83-100.

[209] CHEN Y, WANG L, CHEN T Y. Research on user portrait of socialized Q&A platform based on social network analysis[J]. Journal of Information, 2021, 40: 414-423.

[210] CHENG R, VASSILEVA J. Design and evaluation of an adaptive incentive mechanism for sustained educational online

communities [J]. User Modeling and User-Adapted Interaction, 2006(16): 321-348.

[211] CHEUNG C M K, LEE M K O, LEE Z W Y. Understanding the continuance intention of knowledge sharing in online communities of practice through the post-knowledge-sharing evaluation processes[J]. Journal of the American Society for Information Science and Technology, 2013, 64(7): 1357-1374.

[212] CHIOU J S, SHEN C C. The effects of satisfaction, opportunism, and asset specificity on consumers' loyalty intention toward internet portal sites[J]. International Journal of Service Industry Management, 2006, 17(1): 7-22.

[213] CHIU C M, WANG E T G, FANG Y H, et al. Understanding consumers' repeat purchase intentions in B2C e-commerce: The roles of utilitarian value, hedonic value and perceived risk [J]. Information Systems Journal, 2014, 24 (1): 85-114.

[214] CHOI G, NAM C, KIM S, et al. Where does knowledge-sharing motivation come from? The case of third-party developer in mobile platforms[J]. Journal of Knowledge Management, 2020, 24(7): 1681-1704.

[215] CHOW W S, SHI S. Investigating students' satisfaction and continuance intention toward e-Learning: An extension of the expectation–confirmation model[J]. Procedia-Social and Behavioral Sciences, 2014, 141: 1145-1149.

[216] CHOWDHURY I N, GRUBER T, ZOLKIEWSKI J. Every cloud has a silver lining—Exploring the dark side of value co-creation in B2B service networks[J]. Industrial Marketing

Management, 2016, 55: 97-109.

[217] COSSÍO-SILVA F J, REVILLA-CAMACHO M Á, VEGA-VÁZQUEZ M, et al. Value co-creation and customer loyalty[J]. Journal of Business Research, 2016, 69(5): 1621-1625.

[218] COVA B, PACE S, SKÅLÉN P. Brand volunteering: Value co-creation with unpaid consumers[J]. Marketing Theory, 2015, 15(4): 465-485.

[219] CRONIN JR J J, BRADY M K M, HULT G T M. Assessing the effects of quality, value, and customer satisfaction on consumer behavioral intentions in service environments[J]. Journal of Retailing, 2000, 76(2): 193-218.

[220] CSIKSZENTMIHÁLYI M. The domain of creativity[A]. In MA Runco, RS Albert, Theories of Creativity[C]. ed. Thousand Oaks, CA: Sage, 1990: 190-212.

[221] CUMMINGS J N. Work groups, structural diversity and knowledge sharing in a global organization [J]. Management Science, 2004, 50(3): 352-364.

[222] DARADKEH M. Lurkers versus Contributors: An Empirical Investigation of Knowledge Contribution Behavior in Open Innovation Communities[J]. Journal of Open Innovation: Technology, Market and Complexity, 2022, 8(4): 198.

[223] DARADKEH M, GAWANMEH A, MANSOOR W. Information adoption patterns and online knowledge payment behavior: The moderating role of product type[J]. Information, 2022, 13(9): 414.

[224] DECI E L, RYAN R M. Intrinsic motivation and self-

determination in human behavior[M]. New York: Plenum, 1985.

[225] DECI E L, RYAN R M. The empirical exploration of intrinsic motivational processes[A]. In L. Berkowitz (Ed.), Advances in experimental social psychology[C] New York: Academic Press, 1980, 13: 39-80.

[226] DEDEOGLU B B, BILGIHAN A, YE B H, et al. The impact of servicescape on hedonic value and behavioral intentions: The importance of previous experience[J]. International Journal of Hospitality Management, 2018, 72: 10-20.

[227] DE GUINEA A O, MARKUS M L. Why break the habit of a lifetime? Rethinking the roles of intention, habit and emotion in continuing information technology use[J]. MIS Quarterly, 2009, 33(3): 433-444.

[228] DELONE W H, MCLEAN E R. Information systems success: The quest for the dependent variable[J]. Information Systems Research, 1992, 3: 60-95.

[229] DELONE W H, MCLEAN E R. The DeLone and McLean model of information systems success: A ten-year update[J]. Journal of Management Information Systems, 2003, 19(4): 9-30.

[230] DESOUZA K C, AWAZU Y, WAN Y. Factors governing the consumption of explicit Knowledge[J]. Journal of the American Society for Information Science and Technology, 2006, 57(1): 36-43.

[231] DHOLAKIA U M, BAGOZZI R P, PEARO L K. A social influence model of consumer participation in network-and small-group-based virtual communities[J]. International Journal of Research in

Marketing, 2004, 21(3): 241-263.

[232] DIJKMAN R M, SPRENKELS B, PEETERS T, et al. Business models for the Internet of Things[J]. International Journal of Information Management, 2015, 35(6): 672-678.

[233] DONG B, SIVAKUMAR K. Customer participation in services: Domain, scope, and boundaries[J]. Journal of the Academy of Marketing Science, 2017, 45(6): 944-965.

[234] DONG L, HUANG L, HOU J J, et al. Continuous content contribution in virtual community: The role of status-standing on motivational mechanisms[J]. Decision Support Systems, 2020, 132: 113283.

[235] DOU W. Will internet users pay for online content? [J]. Journal of Advertising Research, 2004, 44(4): 349-359.

[236] DU H, TENG Y, MA Z, et al. Value creation in platform enterprises: A fuzzy-set qualitative comparative analysis[J]. Sustainability, 2022, 14(9): 5331.

[237] EI-ADLY M I. Modelling the relationship between hotel perceived value, customer satisfaction and customer loyalty[J]. Journal of Retailing and Consumer Services, 2019, 50:322-332.

[238] FANG Y H, CHIU C M. In justice we trust: Exploring knowledge-sharing continuance intentions in virtual communities of practice [J]. Computers in Human Behavior, 2010, 26(2): 235-246.

[239] FENG E. Chinese tech apps trade knowledge for cash[J]. Financial Times, 2017.

[240] FISHBACH A, WOOLLEY K. The structure of intrinsic motivation[J]. Annual Review of Organizational Psychology and

Organizational Behavior, 2022, 9: 339-363.

[241] FLAVIAN C, GUINALIU M, GURREA R. The role played by perceived usability, satisfaction and consumer trust on website loyalty[J]. Information Management, 2006, 43(1):1-4.

[242] FLINT D J, WOODRUFF R B, GARDIAL S F. Customer value change in industrial marketing relationships: A call for new strategies and research[J]. Industrial Marketing Management, 1997, 26 (2): 163-175.

[243] FRANCIS J J, JOHNSTON M, ROBERTSON C, et al. What is an adequate sample size? Operationalising data saturation for theory-based interview studies[J]. Psychology and Health, 2010, 25(10): 1229-1245.

[244] FREY C B, OSBORNE M A. The future of employment: How susceptible are jobs to computerisation?[J]. Technological forecasting and social change, 2017, 114: 254-280.

[245] GAGNÉ M, FOREST J, GILBERT M H, et al. The motivation at work scale: Validation evidence in two languages[J]. Educational and Psychological Measurement, 2010, 70(4): 628-646

[246] GALEHBAKHTIARI S. A hermeneutic phenomenological study of online community participation: Applications of fuzzy cognitive maps[J]. Computers in Human Behavior, 2015, 48: 637-643.

[247] GAO L, LIU Z. Research on the sustainable development strategy of online learning: A case study of YouTube users[J]. Sustainability, 2023, 15(11): 8437.

[248] GRANT A M. Does intrinsic motivation fuel the prosocial fire?

Motivational synergy in predicting persistence, performance, and productivity[J]. Journal of Applied Psychology, 2008, 93(1): 48-58.

[249] GRISSEMANN U S, STOKBURGER-SAUER N E. Customer co-creation of travel services: The role of company support and customer satisfaction with the co-creation performance[J]. Tourism Management, 2012, 33(6): 1483-1492.

[250] GRÖNROOS C. Value co-creation in service logic: A critical analysis[J]. Marketing Theory, 2011, 11(3): 279-301.

[251] GRÖNROOS C, GUMMERUS J. The service revolution and its marketing implications: Service logic vs service-dominant logic[J]. Managing Service Quality, 2014, 24(3): 206-229.

[252] GRÖNROOS C, HELLE P. Adopting a service logic in manufacturing: Conceptual foundation and metrics for mutual value creation[J]. Journal of Service Management, 2010, 21(5): 564-590.

[253] GRÖNROOS C, VOIMA P. Critical service logic: Making sense of value creation and co-creation[J]. Journal of the Academy of Marketing Science, 2013, 41(2): 133-150.

[254] GUAN T, WANG L, JIN J, et al. Knowledge contribution behavior in online Q&A communities: An empirical investigation[J]. Computers in Human Behavior, 2018, 81: 137-147.

[255] GUEST G, BUNCE A, JOHNSON L. How many interviews are enough? An experiment with data saturation and variability[J]. Field Methods, 2006, 18(1): 59-82.

[256] GUMMERUS J. Value creation processes and value outcomes in

marketing theory: Strangers or siblings?[J] Marketing Theory, 2013, 13(1): 19-46.

[257] GUO C. Research on value co-creation and empowerment of knowledge-paid platform enterprises—DeDao APP as an example[C]. International Conference on Enterprise Management and Economic Development (ICEMED 2021), Atlantis Press, 2021: 48-54.

[258] GUO S, GUO X, FANG Y, et al. How doctors gain social and economic returns in online health-care communities: A professional capital perspective[J]. Journal of Management Information Systems, 2017, 34(2): 487-519.

[259] GUSTAFSSON A, JOHNSON M D, ROOS I. The effects of customer satisfaction, relationship commitment dimensions and triggers on customer retention[J]. Journal of Marketing, 2005, 69(4): 210-218.

[260] HAMID F N, SUZIANTI A. Driving factors analysis of mobile game in-app purchase intention in Indonesia[A]. In Proceedings of ACM APCORISE' 20[C]. June, 2020, depok, west java, Indonesia (Vol. 6). New York, NY, USA: ACM, 2020.

[261] HARPER F M, XIN LI S, CHEN Y, et al. Social comparisons to motivate contributions to an online community[A]. In: de Kort, Y., IJsselsteijn, W., Midden, C., Eggen, B., Fogg, B.J. (eds) Persuasive Technology[C]. PERSUASIVE 2007. Lecture Notes in Computer Science, vol 4744. Springer, Berlin, Heidelberg, 2007: 148-159.

[262] HAYES A F. Introduction to mediation, moderation and

conditional process analysis[M]. New York: Guilford Press, 2013.

[263] HEIN A, WEKING J, SCHREIECK M, et al. Value co-creation practices in business-to-business platform ecosystems[J]. Electronic Markets, 2019, 29: 503-518.

[264] HENDRIKS P. Why share knowledge? The influence of ICT on the motivation for knowledge sharing [J]. Knowledge and Process Management, 1999, 6 (2): 91-100.

[265] HILGARD E R. The trilogy of mind: Cognition, affection and conation[J]. Journal of the History of the Behavioral Sciences, 1980, 16(2): 107-117.

[266] HOLBROOK M B. Consumption experience, customer value and subjective personal introspection: An illustrative photographic essay[J]. Journal of Business Research, 2006, 59 (6): 714-725.

[267] HOSSAIN M A, DWIVEDI Y K, NASEEM S B. Developing and validating a hierarchical model of service quality of retail banks[J]. Total Quality Management & Business Excellence, 2015, 26(5-6): 534-549.

[268] HSIAO C H, CHANG J J, TANG K Y. Exploring the influential factors in continuance usage of mobile social apps: satisfaction, habit and customer value perspectives[J]. Telematics and Informatics, 2016, 33(2): 342-355.

[269] HSIAO K-L. Why internet users are willing to pay for social networking services [J]. Online Information Review, 2011, 5(5): 770-788.

[270] HSIAO K -L, CHEN C -C. What drives in-app purchase

intention for mobile games? An examination of perceived values and loyalty[J]. Electronic Commerce Research and Applications, 2016, 16: 18-29.

[271] HSU C L, LIN J C C. What drives purchase intention for paid mobile apps? —An expectation confirmation model with perceived value[J]. Electronic Commerce Research and Applications, 2015, 14(1): 46-57.

[272] HU X, WANG K, WU J. What users trust in paying-for-knowledge: An empirical study of Chinese online Q&A community[C]. WHICEB 2019 Proceedings, 2019: 503-510.

[273] HUANG L, MOU J, SEE-TO E W K, et al. Consumer perceived value preferences for mobile marketing in China: A mixed method approach [J]. Journal of Retailing and Consumer Services, 2019, 48: 70-86.

[274] HUANG Y, MA Z, MENG Y. High-performance work systems and employee engagement: empirical evidence from China[J]. Asia Pacific Journal of Human Resources, 2018, 56(3): 341-359.

[275] HUO H, LI Q. Influencing factors of the continuous use of a knowledge payment platform—Fuzzy-set qualitative comparative analysis based on triadic reciprocal determinism[J]. Sustainability, 2022, 14(6): 3696.

[276] HUSSAIN A, ABID M F, SHAMIM A, et al. Videogames-as-a-service: How does in-game value co-creation enhance premium gaming co-creation experience for players? [J]. Journal of Retailing and Consumer Services, 2023, 70: 103128.

[277] HWANG Y, LIN H, SHIN D. Knowledge system commitment

and knowledge sharing intention: The role of personal information management motivation[J]. International Journal of Information Management, 2018, 39: 220-227.

[278] JAAKKOLA E, ALEXANDER M. The role of customer engagement behavior in value co-creation: A service system perspective[J]. Journal of Service Research, 2014, 17(3): 247-261.

[279] JAN S T, WANG C, ZHANG Q, et al. Pay-per-question: Towards targeted Q&A with payments[C]. In Proceedings of the 2018 ACM Conference on Supporting Groupwork, New York: ACM, 2018: 1-11.

[280] JIN J, LI Y, ZHONG X, et al. Why users contribute knowledge to online communities: An empirical study of an online social Q&A community[J]. Information & Management, 2015, 52(7): 840-849.

[281] JIN J, YAN X, LI Y, et al. How users adopt healthcare information: An empirical study of online Q & A community[J]. International Journal of Medical Informatics, 2015, 86: 91-103.

[282] JOO Y J, JOUNG S, SON H S. Structural relationships among effective factors on e-learners' motivation for skill transfer[J]. Computers in Human Behavior, 2014, 32: 335-342.

[283] JOYCE E, KRAUT R E. Predicting continued participation in newsgroups[J]. Journal of Computer-Mediated Communication 2006, 11(3): 723-747.

[284] KAMBIL A, FRIESEN G B, SUNDARAM A. Co-creation: A new source of value[J]. Outlook Magazine, 1999, 3(2): 38-43.

[285] KAMBIL A, GINSBERG A, BLOCH M. Re-inventing value

propositions[J]. Working paper, 1996, IS-96-21.

[286] KAMBOJ S, SARMAH B, GUPTA S, et al. Examining branding co-creation in brand communities on social media: Applying the paradigm of stimulus-organism-response[J]. International Journal of Information Management, 2018, 39: 169-185.

[287] KHUSRO S, ALAM A, KHALID S. Social question and answer sites: The story so far[J]. Program, 2017, 51(2): 170-192.

[288] KIM B. Understanding antecedents of continuance intention in social-networking services[J]. Cyber psychology, Behavior and Social Networking, 2011, 14(4): 199-205.

[289] KIM B, CHOI M, HAN I. User behaviors toward mobile data services: The role of perceived fee and prior experience [J]. Expert Systems with Applications, 2009, 36 (4): 8528-8536.

[290] KIM H W, GUPTA S. A comparison of purchase decision calculus between potential and repeat customers of an online store[J]. Decision Support System, 2009, 47 (4): 477-487.

[291] KITZIE V, CHOI E, SHAH C. To ask or not to ask, that is the question: Investigating methods and motivations for online Q&A[C]. In Proceedings of HCIR, 2012: 1-4.

[292] KLOPPENBURG S, BOEKELO M. Digital platforms and the future of energy provisioning: Promises and perils for the next phase of the energy transition[J]. Energy Research & Social Science, 2019, 49: 68-73.

[293] KOHTAMÄKI M, RAJALA R. Theory and practice of value co-creation in B2B systems[J]. Industrial Marketing Management,

2016, 56: 4-13.

[294] KOR Y Y, MAHONEY J T, MICHAEL S C. Resources, capabilities and entrepreneurial perceptions[J]. Journal of Management Studies, 2007, 44(7): 1187-1212.

[295] KUANG L, HUANG N, HONG Y, et al. Spillover effects of financial incentives on non-incentivized user engagement: Evidence from an online knowledge exchange platform[J]. Journal of Management Information Systems, 2019, 36(1): 289-320.

[296] KUSWANTO A, SUNDARI S, HARMADI A, et al. The determinants of customer loyalty in the Indonesian ride-sharing services: Offline vs online[J]. Innovation & Management Review, 2020, 17(1): 75-85.

[297] LAI H-M, CHEN T T. Knowledge sharing in interest online communities: A comparison of posters and lurkers[J]. Computers in Human Behavior, 2014, 35: 295-306.

[298] LALICIC L, WEISMAYER C. Consumers' reasons and perceived value co-creation of using artificial intelligence-enabled travel service agents[J]. Journal of Business Research, 2021, 129: 891-901.

[299] LAM S Y, SHANKAR V, ERRAMILLI M K, et al. Customer value, satisfaction, loyalty, and switching cost: An illustration from a business-to-business service context[J]. Journal of the Academy of Marketing Science, 2004, 32(3): 293-311.

[300] LAMBRECHT A, MISRA K. Fee or free: When should firms charge for online content? [J]. Management Science, 2017,

63(4): 1150-1165.

[301] LAN J, MA Y, ZHU D, et al. Enabling value co-creation in the sharing economy: The case of mobike[J]. Sustainability, 2017, 9(9): 1504.

[302] LEE A R, KIM K K. Customer benefits and value co-creation activities in corporate social networking services[J]. Behaviour & Information Technology, 2018, 37(7): 675-692.

[303] LEE L, CHARLES V. The impact of consumers' perceptions regarding the ethics of online retailers and promotional strategy on their repurchase intention[J]. International of Journal Information Management, 2021, 57: 102264.

[304] LEE M C. Explaining and predicting users' continuance intention toward e-Learning: An extension of the expectation–Confirmation model[J]. Computers & Education, 2010, 54(2): 506-516.

[305] LEE Y K, KIM S Y, CHUNG N, et al. When social media met commerce: A model of perceived customer value in group-buying[J]. Journal of Services Marketing, 2016, 30 (4): 398-410.

[306] LI W Z, CHEN J F, FENG X, et al. Research on influencing factors of knowledge hiding behavior in socialized Q&A communities: Taking zhihu as an example[J]. Complexity, 2022(Special Issue): 8607185.

[307] LI Z, HUANG K W, CAVUSOGLU H. Can we gamify voluntary contributions to online Q&A communities? Quantifying the impact of badges on user engagement[C]. Proc. of 2012 Workshop on Information Systems and Economics (WISE 2012), 2012: 1-38.

[308] LIANG Y, INTRONE J. Social roles, interactions and community sustainability in social Q&A sites: A resource-based perspective[C]. Proceedings of the 52nd Hawaii International Conference on System Sciences, 2019: 2802-2811.

[309] LIANG Y, SHEN W. Fan economy in the Chinese media and entertainment industry: How feedback from super fans can propel creative industries' revenue[J]. Global Media and China, 2016, 1(4): 331-349.

[310] LIN J, LI T, GUO J. Factors influencing consumers' continuous purchase intention on fresh food e-commerce platforms: An organic foods-centric empirical investigation[J]. Electronic Commerce Research and Applications, 2021, 50: 101103.

[311] LIN K Y, LU H P. Understanding SNSs users' intention to pay [J]. Journal of Internet Technology, 2014, 15(2): 317-324.

[312] LIN S, CHENG K, CHUANG S. Three needs and information anxiety on knowledge purchase intentions across online knowledge platforms[J]. Behavioral Sciences, 2021, 11(10): 127.

[313] LIN T C, HSU J S C, CHEN H C. Customer willingness to pay for online music: The role of free mentality [J]. Journal of Electronic Commerce Research, 2013, 14(4): 315-333.

[314] LIN W S. Perceived fit and satisfaction on web learning performance: IS continuance intention and task-technology fit perspectives[J]. International Journal of Human-Computer Studies, 2012, 70(7): 498-507.

[315] LIU P, LI M, DAI D, et al. The effects of social commerce environmental characteristics on customers' purchase intentions: The chain mediating effect of customer-to-customer interaction and customer-perceived value[J]. Electronic Commerce Research and Applications, 2021, 48: 101073.

[316] LIU X, FENG J. Research on the influencing factors of the willingness to pay for knowledge consumers in the knowledge payment platform[C]. Proceedings of Wuhan international conference on e-business, Wuhan, China: AIS Electronic Library, 2018: 124-131.

[317] LIU Y, JANG S S. The effects of dining atmospherics: An extended Mehrabian-Russell model[J]. International Journal of Hospitality Management, 2009, 28(4): 494-503.

[318] LUO N, WANG Y, ZHANG M, et al. Integrating community and e-commerce to build a trusted online second-hand platform: Based on the perspective of social capital[J]. Technological Forecasting and Social Change, 2020, 153: 119913.

[319] LUSCH R F, VARGO S L. Service-dominant logic: Reactions, reflections and refinements[J]. Marketing Theory, 2006, 6(3): 281-288.

[320] LUSCH R F, VARGO S L. The service-dominant logic of marketing: Dialog, debate and directions[M]. London: Routledge, 2014.

[321] MA M, AGARWAL R. Through a glass darkly: Information technology design, identity verification and knowledge contribution in online communities[J]. Information Systems

Research, 2007, 18(1): 42-67.

[322] MA Z, BU M. A new research horizon for mass entrepreneurship policy and Chinese firms' CSR: Introduction to the thematic symposium[J]. Journal of Business Ethics, 2021, 169: 603-607.

[323] MA Z, WANG L, CHEUNG K. The paradox of social capital in China: Venture capitalists and entrepreneurs' social ties and public listed firms' technological innovation performance[J]. Asian Journal of Technology Innovation, 2018, 26 (3): 306-324.

[324] MAHESHWARI B, SARRION M, MOTIANI M, et al. Exploration of factors affecting the use of Web 2.0 for knowledge sharing among healthcare professionals: An Indian perspective[J]. Journal of Knowledge Management, 2021, 25(3): 545-558.

[325] MAIR J, G. Capturing the dynamics of the sharing economy: Institutional research on the plural forms and practices of sharing economy organizations [J] Technological Forecasting & Social Change, 2017, 125(12): 11-20.

[326] MITTAL B, SHETH J N. ValueSpace: Winning the battle for market leadership[M]. New York: McGraw-Hill, 2001.

[327] MOHAMMADI H. Investigating users' perspectives on e-learning: An integration of TAM and IS success model[J]. Computers in Human Behavior, 2015, 45: 359-374.

[328] MOHD-ANY A A, WINKLHOFER H, ENNEW C. Measuring users' value experience on a travel website (e-Value) [J]. Journal of Travel Research, 2014, 54(4): 496-510.

[329] NADEEM W, TAN T M, TAJVIDI M, et al. How do experiences enhance brand relationship performance and value co-

creation in social commerce? The role of consumer engagement and self brand-connection[J]. Technological Forecasting and Social Change, 2021, 171: 120952.

[330] NAHAPIET J, GHOSHAL S. Social capital, intellectual capital, and the organizational advantage[J]. Academy of Management Review, 1998, 23 (2): 242-266.

[331] OERTZEN A S, ODEKERKEN-SCHRÖDER G, BRAX S A, et al. Co-creating services—conceptual clarification, forms and outcomes[J]. Journal of Service Management, 2018, 29(4): 641-679.

[332] OLIVA T A, OLIVER R L, MACMILLAN I C. A catastrophe model for developing service satisfaction strategies[J]. Journal of Marketing, 1992, 56(3): 83-95.

[333] OLIVER R L. A cognitive model of the antecedents and consequences of satisfaction decisions[J]. Journal of Marketing Research, 1980, 17(4): 460-469.

[334] OLIVER R L. Measurement and evaluation of satisfaction processes in retail settings[J]. Journal of Retailing, 1981, 57(3): 25-48.

[335] OLIVER R L. Satisfaction: A behavioral perspective on the consumer[M]. New York: McGraw-Hill, 1997.

[336] OSTERWALDER A, PIGNEUR Y, TUCCI C L. Clarifying business models: Origins, present, and future of the concept[J]. Communications of the Association for Information Systems, 2005, 16(1): 1-25.

[337] OU C X, PAVLOU P A, DAVISON R M. Swift guanxi in online

marketplaces: The role of computer-mediated communication technologies[J]. MIS Quarterly, 2014, 38 (1): 209-230.

[338] OVERBY J W, LEE E J. The effects of utilitarian and hedonic online shopping value on consumer preference and intentions[J]. Journal of Business Research, 2006, 59(10): 1160-1166.

[339] OZTURK A B, NUSAIR K, OKUMUS F, et al. The role of utilitarian and hedonic values on users' continued usage intention in a mobile hotel booking environment[J]. International Journal of Hospitality Management, 2016, 57: 106-115.

[340] PANG S, BAO P, HAO W, et al. Knowledge sharing platforms: An empirical study of the factors affecting continued use intention[J]. Sustainability, 2020, 12: 2341.

[341] PARK D, KIM S. The effects of consumer knowledge on message processing of electronic word-of-mouth via online consumer reviews[J]. Electronic Commerce Research and Applications, 2008, 7(4): 399-410.

[342] PARK J W, ROBERTSON R, WU C L. Modelling the impact of airline service quality and marketing variables on passengers' future behavioral intentions[J]. Transportation Planning and Technology, 2006, 29(5): 359-381.

[343] PATTERSON P G, SPRENG R A. Modeling the relationship between perceived value, satisfaction and repurchase intentions in a business-to-business, services context: An empirical examination[J]. International Journal of Service Industry Management, 1997, 8 (5): 414-434.

[344] PATTON M Q. Qualitative evaluation and research methods (2,

ed.) newbury Park[J]. Modern Language Journal, 1990, 10 (4) :543.

[345] PAYNE A F, STORBACKA K, FROW P. Managing the co-creation of value[J]. Journal of the Academy of Marketing Science, 2008, 36: 83-96.

[346] PENG L, ZHANG W, WANG X, et al. Moderating effects of time pressure on the relationship between perceived value and purchase intention in social E-commerce sales promotion: Considering the impact of product involvement[J]. Information Management, 2019, 56 (2):317-328.

[347] PERA R, OCCHIOCUPO N, CLARKE J. Motives and resources for value co-creation in a multi-stakeholder ecosystem: A managerial perspective[J]. Journal of Business Research, 2016, 69(10): 4033-4041.

[348] PETRICK J F. The Roles of quality, value and satisfaction in predicting cruise passengers' behavioral intentions[J]. Journal of Travel Research, 2004, 42(4): 397-407.

[349] PITT L F, WATSON R T, KAVAN B. Service quality: A measure of information systems effectiveness [J]. MIS Quarterly, 1995, 19(2): 173-187.

[350] PODSAKOFF P M, MACKENZIE S B, LEE J Y. Common method biases in behavioral research: A critical review of the literature and recommended remedies[J]. Journal of Applied Psychology, 2003, 88 (5): 879-903.

[351] PODSAKOFF P M, ORGAN D W. Self-reports in organizational research: Problems and prospects[J]. Journal of Management,

1986, 12(4): 69-82.

[352] POLITES G L, KARAHANNA E. Shackled to the status quo: The inhibiting effects of incumbent system habit, switching costs, and inertia on new system acceptance[J]. MIS Quarterly, 2012, 36(1): 21-42.

[353] PORTER M E. Competitive advantage: Creating and sustaining superior performance[M]. New York: Free Press, 1985.

[354] PORTER M E, MILLAR V E. How information gives you competitive advantage[J]. Harvard Business Review, 1985, 63(4): 149-160.

[355] PRAHALAD C K, RAMASWAMY V. Co-opting customer competence[J]. Harvard Business Review, 2000, 78(1): 79-90.

[356] PRAHALAD C K, RAMASWAMY V. Co-creation experiences: The next practice in value creation[J]. Journal of Interactive Marketing, 2004, 18(3): 5-14.

[357] PRAHALAD C K, RAMASWAMY V. The future of competition: Co-creating unique value with customers[M]. Boston, MA: Harvard Business School Press, 2004.

[358] PRIEM R L. A consumer perspective on value creation[J]. Academy of Management Review, 2007, 32(1): 219-235.

[359] PUNJ G. The relationship between consumer characteristics and willingness to pay for general online content: Implications for content providers considering subscription-based business models [J]. Marketing Letters, 2015, 26(2): 175-186.

[360] QI T, WANG T, MA Y, et al. Knowledge payment research: Status quo and key issues[J]. International Journal of Crowd

Science, 2019, 3(2): 117-137.

[361] RAMASWAMY V. It's about human experiences and beyond, to co-creation[J]. Industrial Marketing Management, 2011, 40(2): 195-196.

[362] RAMASWAMY V, GOUILLART F J. The power of co-creation: Build it with them to boost growth, productivity and profits[M]. New York: Simon and Schuster, 2010.

[363] RAMASWAMY V, OZCAN K. The co-creation paradigm[M]. New York: Stanford University Press, 2014.

[364] RAMSEOOK-MUNHURRUN P, SEEBALUCK V N, NAIDOO P. Examining the structural relationships of destination image, perceived value, tourist satisfaction and loyalty: Case of Mauritius[J]. Procedia-Social and Behavioral Sciences, 2015, 175: 252-259.

[365] RANJAN K R, READ S. Value co-creation: Concept and measurement[J]. Journal of the Academy of Marketing Science, 2016, 44: 290-315.

[366] RAVAZZANI S, HAZÉE S. Value co-creation through social media: A multistakeholder, communication perspective[J]. Journal of Service Management, 2022, 33(4/5): 589-600.

[367] RAYNA T, STRIUKOVA L. Involving consumers: The role of digital technologies in promoting "prosumption" and user innovation[J]. Journal of the Knowledge Economy, 2021, 12: 218-237.

[368] RECKER J. Explaining usage of process modeling grammars: Comparing three theoretical models in the study of two

grammars[J]. Information & Management, 2010, 47(5-6): 316-324.

[369] REICHHELD F. The loyalty effect: The hidden force behind growth profits, and lasting value[M]. Boston: Harvard Business School Press, 1996.

[370] RIDINGS C M, GEFEN D. Virtual community attraction: Why people hang out online[J]. Journal of Computer-Mediated Communication, 2004, 10(1): JCMC10110.

[371] RUST R T, COOIL B. Reliability measures for qualitative data: Theory and implications[J]. Journal of Marketing Research, 1994, 31(1):1-14.

[372] RUTH R D. Conversation as a source of satisfaction and continuance in a question-and-answer site[J]. European Journal of Information Systems, 2012, 21(4): 427-437.

[373] SÁNCHEZ J, CALLARISA L, RODRIGUEZ R M, et al. Perceived value of the purchase of a tourism product[J]. Tourism Management, 2006, 27 (3): 394-409.

[374] SHANKAR V, SMITH A K, RANGASWAMY A. Customer satisfaction and loyalty in online and offline environments [J]. International Journal of Research in Marketing, 2003, 20(2): 153-175.

[375] SHAW N, SERGUEEVA K. The non-monetary benefits of mobile commerce: Extending UTAUT2 with perceived value[J]. International Journal of Information Management, 2019, 45: 44-55.

[376] SHEN X L, CHEUNG C M K, LEE M K O. What leads students

to adopt information from wikipedia? An empirical investigation into the role of trust and information usefulness[J]. British Journal of Educational Technology, 2013, 44(3): 502-517.

[377] SHETH J N, NEWMAN B I, GROSS B L. Why we buy what we buy: A theory of consumption values[J]. Journal of Business Research, 1991, 22 (2): 159-170.

[378] SHI C, HU P, FAN W, et al. How learning effects influence knowledge contribution in online Q&A community? A social cognitive perspective[J]. Decision Support Systems, 2021, 149: 113610.

[379] SHI X, ZHENG X, YANG F. Exploring payment behavior for live courses in social Q&A communities: An information foraging perspective[J]. Information Processing & Management, 2020, 57(4): 102241.

[380] SINGH J B, CHANDWANI R, KUMAR M. Factors affecting Web 2.0 adoption: Exploring the knowledge sharing and knowledge seeking aspects in health care professionals[J]. Journal of Knowledge Management, 2018, 22(1): 21-43.

[381] SINGH S, SINGH N, KALINIĆ Z, et al. Assessing determinants influencing continued use of live streaming services: An extended perceived value theory of streaming addiction[J]. Expert Systems with Applications, 2021, 168: 114241.

[382] SPITERI J M, DION P A. Customer value, overall satisfaction, end-user loyalty, and market performance in detail intensive industries[J]. Industrial Marketing Management, 2004, 33(8): 675-687.

[383] STORBACKA K, BRODIE R J, BÖHMANN T, et al. Actor engagement as a microfoundation for value co-creation[J]. Journal of Business Research, 2016, 69(8): 3008-3017.

[384] SU L, LI Y, LI W. Understanding consumers' purchase intention for online paid knowledge: A customer value perspective[J]. Sustainability, 2019, 11(19): 5420.

[385] SUN J, LI Q, XU W, et al. Pay to view answers: Determinants of listeners' payment decisions on social Q&A platforms[J]. Internet Research, 2022, 32(4): 1401-1426.

[386] SWEENEY J C, SOUTAR G N. Consumer perceived value: The development of a multiple item scale [J]. Journal of Retailing, 2001, 77(2): 203-220.

[387] SZULANSKI G, CAPPETTA R, JENSEN R J. When and how trustworthiness matters: Knowledge transfer and the moderating effect of causal ambiguity[J]. Organization Science, 2004, 15(5): 600-613.

[388] TEECE D J. Business models, business strategy and innovation[J]. Long Range Planning, 2010, 43(2-3): 172-194.

[389] TSAI W P, GHOSHAL S. Social capital and value creation: The role of intrafirm networks[J]. Academy of Management Journal, 1998, 41 (4): 464-476.

[390] TUREL O, SERENKO A, BONTIS N. User acceptance of hedonic digital artifacts: A theory of consumption values perspective[J]. Information Management, 2010, 47 (1): 53-59.

[391] VALLERAND R J, PELLETIER L G, BLAIS M R, et al. The academic motivation scale: A measure of intrinsic, extrinsic

and amotivation in education[J]. Educational and Psychological Measurement, 1992, 52(4): 1003-1017.

[392] VARGO S L, LUSCH R F. Evolving to a new dominant logic for marketing[J]. Journal of Marketing, 2004, 68(1): 1-17.

[393] VARGO S L, LUSCH R F. Institutions and axioms: An extension and update of service-dominant logic[J]. Journal of the Academy of Marketing Science, 2016, 44: 5-23.

[394] VARGO S L, LUSCH R F. It's all B2b and beyond: Toward a systems perspective of the market[J]. Industrial Marketing Management, 2011, 40(2): 181-187.

[395] VARGO S L, LUSCH R F. Service-dominant logic: Continuing the evolution[J]. Journal of the Academy of Marketing Science, 2008, 36(1): 1-10.

[396] VARGO S L, LUSCH R F. Service-dominant logic 2025[J]. International Journal of Research in Marketing, 2017, 34(1): 46-67.

[397] VON HIPPEL E. Lead users: A source of novel product concepts[J]. Management Science, 1986, 32: 791-805.

[398] WALTER D, JONES P. Value and value chains in healthcare: A quality management perspective[J]. The TQM Magazine, 2001, 13 (5): 319-333.

[399] WANG C L, ZHANG Y, YE L R, et al. Subscription to fee-based online services: What makes consumer pay for online content? [J]. Journal of Electronic Commerce Research, 2005, 6(4): 304-311.

[400] WANG J, LI G, HUI K L. Monetary incentives and knowledge

spillover: Evidence from a natural experiment[J]. Management Science, 2022, 68(5): 3549-3572.

[401] WANG J, LI Z, FENG H, et al. A research on the development trend of knowledge payment based on zhihu[A]. In The new silk road leads through the arab peninsula: Mastering global business and innovation[C]. Emerald Publishing Limited: Bingley, UK, 2019: 229-241.

[402] WANG N, LIU Y, XIAO S. Which feedback matters? The role of expressions and valence in continuous high-quality knowledge contribution in the online Q&A community[J]. Decision Support Systems, 2022, 156: 113750.

[403] WANG N, TIBERIUS V, CHEN X, et al. Idea selection and adoption by users–a process model in an online innovation community[J]. Technology Analysis & Strategic Management, 2021, 33(9): 1036-1051.

[404] WANG N, WANG L, MA Z, et al. From knowledge seeking to knowledge contribution: A social capital perspective on knowledge sharing behaviors in online Q&A communities[J]. Technological Forecasting and Social Change, 2022, 182: 121864.

[405] WANG P, TONG T W, KOH C P. An integrated model of knowledge transfer: From MNC parent to China subsidiary [J]. Journal of World Business, 2004, 39(2):168-182.

[406] WANG S, NOE R A. Knowledge sharing: A review and directions for future research[J]. Human Resource Management Review, 2010, 20 (2): 115-131.

[407] WANG W-T, OU W-M, CHEN W-Y. The impact of inertia and user satisfaction on the continuance intentions to use mobile communication applications: A mobile service quality perspective[J]. International Journal of Information Management, 2019, 44: 178-193.

[408] WANG X, JIANG B. User loyalty analysis of knowledge payment platform[A]. In Human-Computer Interaction. Design and User Experience[C]. Thematic Area, HCI 2020, Held as Part of the 22nd International Conference, HCII 2020, Copenhagen, Denmark, July 19-24, 2020, Proceedings, Part I 22, Springer International Publishing, 2020: 487-497.

[409] WANG Y S. Assessing e-commerce systems success: A respecification and validation of the DeLone and McLean model of IS success[J]. Information Systems Journal, 2008, 18(5): 529-557.

[410] WASKO M M L, FARAJ S. "It is what one does": Why people participate and help others in electronic communities of practice[J]. The Journal of Strategic Information Systems, 2000, 9(2-3): 155-173.

[411] WASKO M M L, FARAJ S. Why should I share? Examining social capital and knowledge contribution in electronic networks of practice[J]. MIS Quarterly, 2005, 29(1): 35-57.

[412] WEINSTEIN A, POHLMAN R A. Customer value: A new paradigm for marketing management[J]. Advance in Business Studies, 1998, 6 (10): 89-97.

[413] WEIß P, ZOLNOWSKI A, WARG M, et al. Service dominant

architecture: Conceptualizing the foundation for execution of digital strategies based on S-D logic[C]. In Proceedings of the 51st Hawaii International Conference on System Sciences, Waikoloa Village, HI, USA, 3-6 January 2018: 1630-1639.

[414] WELSER H T, GLEAVE E, FISHER D, et al. Visualizing the signatures of social roles in online discussion groups[J]. The Journal of Social Structure, 2007, 8(2): 1-32.

[415] WILLIAMS P, SOUTAR G N. Value, satisfaction and behavioral intentions in an adventure tourism context [J]. Annals of Tourism Research, 2009, 36 (3): 413-438.

[416] WOLK A, THEYSOHN S. Factors influencing website traffic in the paid content market [J]. Journal of Marketing Management, 2007, 23(7/8):769-796.

[417] WOODRUFF R B. Customer value: The next source of competitive advantage[J]. Journal of the Academy of Marketing Science, 1997, 25(2): 139-153.

[418] WOODRUFF R B, FLINT D J. Marketing's service-dominant logic and customer value[A]. In R.F. Lusch, S. Vargo (Eds.), Toward a service-dominant logic of marketing: Dialogue, debate and directions[C]. Armonk, NY: Sharpe, 2006:183-195.

[419] XIA M, HUANG Y, DUAN W, et al. Research note—to continue sharing or not to continue sharing? An empirical analysis of user decision in peer-to-peer sharing networks[J]. Information Systems Research, 2012, 23(1): 247-259.

[420] XU H, ZHANG M, ZENG J, et al. Use of latent dirichlet allocation and structural equation modeling in determining

the factors for continuance intention of knowledge payment platform[J]. Sustainability, 2022, 14(15): 8992.

[421] YAN B, JIAN L. Beyond reciprocity: The bystander effect of knowledge response in online knowledge communities [J]. Computers in Human Behavior, 2017, 76: 9-18.

[422] YAN J, LEIDNERB D E, BENBYAC H, et al. Social capital and knowledge contribution in online user communities: One-way or two-way relationship? [J] Decision Support Systems, 2019, 127: 113131.

[423] YAN Z, WANG T, CHEN Y, et al. Knowledge sharing in online health communities: A social exchange theory perspective[J]. Information and Management, 2016, 53(5): 643-653.

[424] YANG Z L, PETERSON R T. Customer perceived value, satisfaction, and loyalty: The role of switching costs[J] Psychology & Marketing, 2004, 21(10): 799-822.

[425] YAO G, MIAO J. Service value co-creation in digital platform business: A case of xianyu idle trading platform[J]. Sustainability, 2021, 13(20): 11296.

[426] YI Y, GONG T. Customer value co-creation behavior: Scale development and validation[J]. Journal of Business Research, 2013, 66(9): 1279-1284.

[427] YU N, HUANG Y-T. Why do people play games on mobile commerce platforms? An empirical study on the influence of gamification on purchase intention[J]. Computers in Human Behavior, 2022, 126: 106991.

[428] ZEITHAML V A. Consumer perceptions of price, quality and

value: A means-end model and synthesis of evidence[J]. Journal of Marketing, 1988, 52(3): 2-22.

[429] ZEITHAML V A, VERLEYE K, HATAK I, et al. Three decades of customer value research: Paradigmatic roots and future research avenues[J]. Journal of Service Research, 2020, 23(4): 409-432.

[430] ZENG Q, ZHUANG W, GUO Q, et al. What factors influence grassroots knowledge supplier performance in online knowledge platforms? Evidence from a paid Q&A service[J]. Electronic Markets, 2022, 32(4):2507-2523.

[431] ZHANG C B, LI Y N, WU B, et al. How wechat can retain users: Roles of network externalities, social interaction ties, and perceived values in building continuance intention[J]. Computers in Human Behavior, 2017, 69: 284-293.

[432] ZHANG H, WANG W, GUPTA S. How do firms capture value in a full-scene smart service? Effectiveness of value proposition and co-creation capabilities[J]. Industrial Marketing Management, 2023, 112:128-144.

[433] ZHANG J, ZHANG J, ZHANG M. From free to paid: Customer expertise and customer satisfaction on knowledge payment platforms[J]. Decision Support Systems, 2019, 127: 113140.

[434] ZHANG M, ZHU M, LIU X, et al. Why should I pay for e-books? An empirical study to investigate Chinese readers' purchase behavioural intention in the mobile era[J]. The Electronic Library, 2017, 35(3): 472-493.

[435] ZHANG X, JIANG S, XIAO Y, et al. Global challenges and

developmental lessons in the knowledge sharing economy[M]. Oxfordshire: Taylor and Francis, 2018.

[436] ZHANG Y, ZHANG M, LUO N, et al. Understanding the formation mechanism of high-quality knowledge in social question and answer communities: A knowledge co-creation perspective[J]. International Journal of Information Management, 2019, 48: 72-84.

[437] ZHAO K, STYLIANOU A C, ZHENG Y. Predicting users' continuance intention in virtual communities: The dual intention-formation processes[J]. Decision Support Systems, 2013, 55(4): 903-910.

[438] ZHAO L, DETLOR B, CONNELLY C E. Sharing knowledge in social Q&A sites: The unintended consequences of extrinsic motivation[J]. Journal of Management Information Systems, 2016, 33(1): 70-100.

[439] ZHAO L, LU Y, WANG B, et al. Cultivating the sense of belonging and motivating user participation in virtual communities: A social capital perspective[J]. International Journal of Information Management, 2012, 32 (6): 574-588.

[440] ZHAO Y, LIU Z, CHEN S, et al. From free to fee: Exploring the factors that influence the askers' switching behavior on online Q&A platforms[C]. Proceedings of the Association for Information Science and Technology, 2019, 56(1): 517-520.

[441] ZHAO Y, LIU Z, SONG S. Why should I pay for the knowledge in social Q&A platforms? [C]. In International Conference on Information, Cham, Switzerland: Springer, 2018: 577-582.

[442] ZHAO Y, PENG X, LIU Z, et al. Factors that affect asker's pay intention in trilateral payment-based social Q&A platforms: From a benefit and cost perspective[J]. Journal of the Association for Information Science and Technology, 2020, 71(5): 516-528.

[443] ZHAO Y, ZHAO Y, YUAN X, et al. How knowledge contributor characteristics and reputation affect user payment decision in paid Q&A? An empirical analysis from the perspective of trust theory[J]. Electronic Commerce Research and Applications, 2018, 31(9/10): 1-11.

[444] ZHOU S, LI T, YANG S, et al. What drives consumers' purchase intention of online paid knowledge? A stimulus-organism-response perspective[J]. Electronic Commerce Research and Applications, 2022, 52: 101126.

[445] ZHOU T. Understanding online knowledge community user continuance: A social cognitive theory perspective[J]. Data Technologies and Applications, 2018, 52(3):445-458.

[446] ZHOU T. Understanding users' participation in online health communities: A social capital perspective[J]. Information Development, 2020, 36 (3): 403-413.

[447] ZHOU Y, CHEN J. The configuration of incentives in small and medium-sized content platform enterprises under the normalization of COVID-19[J]. Frontiers in Public Health, 2022, 10: 885729.